變得不好惹以後，我的生活好過多了

姚林君／著

人成功的方法
只有一種，
那就是按自己喜歡的
方式過一生。

誰不渴望被家人肯定呢？
就算是世界上最寂寂無聞的人。
所有自信、奮鬥的動力都來自他們，
只要他們說你可以，
你再累也能爬起來覺得自己可以。

被那麼溫柔對待過的人，

才會在同樣的時刻，

想溫柔地對待別人。

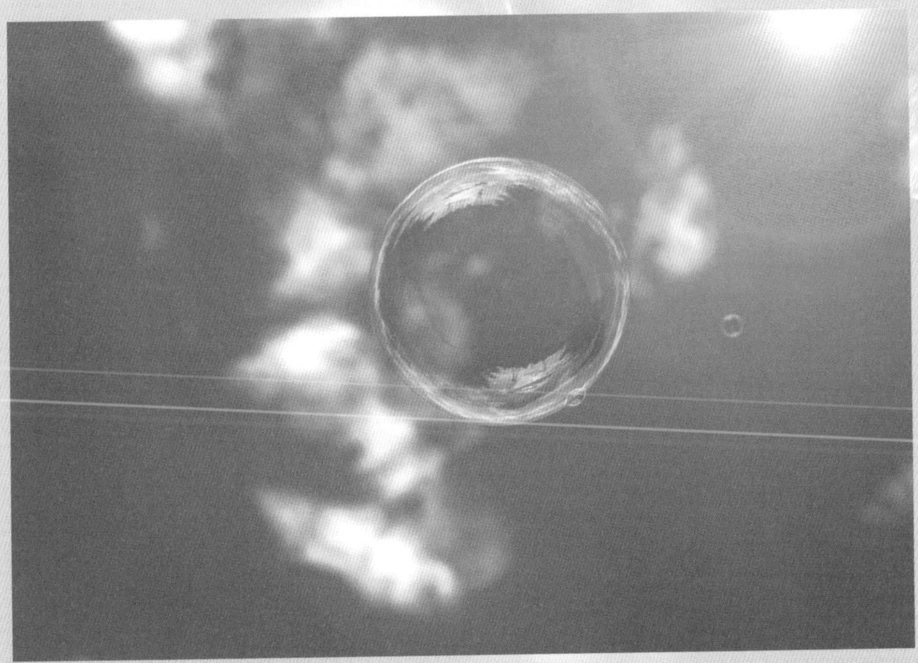

每個人都有第一次，
在人生中的很多時刻。
每個人也不會永遠停留在第一次，
因為我們總會越來越好。

我們還小，別急著變老。
因為少年氣才是一個人身上最珍貴的東西。

有些人，很壞又很膽小。

他們不敢光明正大地幹壞事，就利用你臉皮薄這一點來欺負你，

你生氣還用道德綁架你，以達到他們內心陰暗的目的。

現在誰敢讓我尷尬，我就敢讓他更尷尬。

誰天生想當個不通情理、
不好說話的人呢？
問題是當你是個好人的時候，
你只能得到好人的稱號、
讓人心情不好的態度
和一堆很爛的服務。
當你變得不好惹了，
全世界反而都來關心你的感受了。

人這輩子，變數最大的不是「我愛你」，
而是「對你好」三個字。

你可以愛一個人，卻不能完全依賴和無條件信任一個人，
不要矇著眼睛一路走下去，最忌諱的是失去自己——
因為任何關係都不是完全可靠的，只有「我」才是永恆的。

界線這個東西，你不提前劃好，
別人就敢得寸進尺。

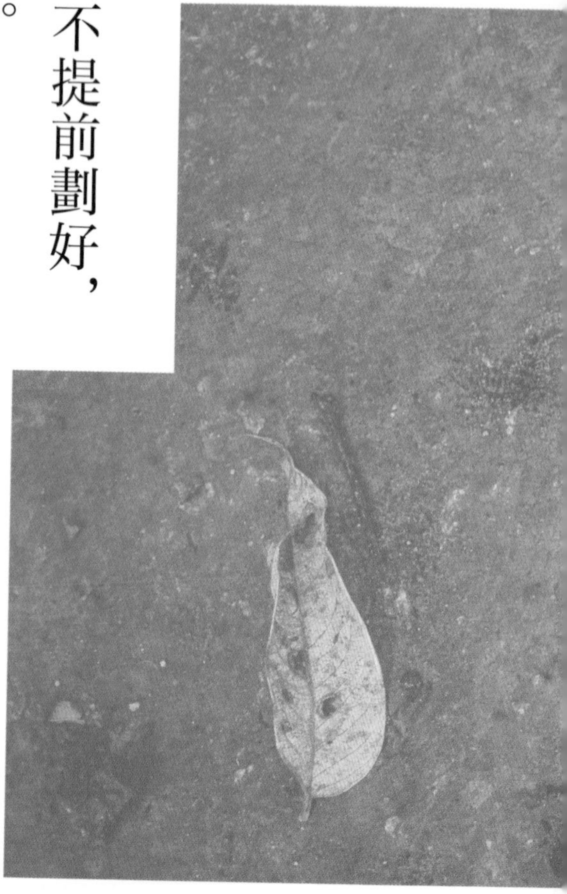

「魚身體裡那麼多刺，不會痛嗎？」
這說法用在人身上也很適合，
那些往事曾經像刺一樣扎在身體裡，
時間久了我們就感覺不到痛了，
它們大概不是消失了，
而是都已經變成我們的骨頭了吧。

我們經常聽見別人說某某人不壞，
只是說話不好聽。
開口就是惡毒的話還不壞，
你把好好說話的人放在哪裡？
嘴巴那麼毒，
讓人真的很難相信他的心能有多軟。
惡意都能包裝成直率，
這對溫柔多不公平？

朋友是什麼呢？

朋友是並肩前行卻沒有血緣關係的親人，

而不是拿刻薄當直率，居高臨下的老師。

你需要做的，

只是靜靜地陪在她身邊。

目錄

Part 2

愛得不夠，才藉口多多

Part 3

如果運氣不好，那就試試勇氣

目錄

Part 4

「你知道哭是解決不了問題的。」「沒有人哭是爲了解決問題。」

我身邊有很多十幾二十幾歲的年輕人，都太在意別人的感受，有些甚至是討好型人格，犧牲自己去取悅別人，怕被人討厭，受了委屈都咽下不說。

但濫好人是不被重視的，沒人關注你的情緒，因為你總表現得沒有情緒；沒人在乎你在想什麼，你表現得什麼都不想要，當然也就什麼都得不到。

性子太軟，意味著得罪你沒有成本，也意味著你可以任人揉捏。

當你學會了對一切的不喜歡說「去他的」，卻發現世界反而對你溫柔了。

所以，這一本書收集了我最近幾年一些類似的親身經歷和體會。

你有沒有在哪一刻想過：

你內心深處真正想要的是什麼？

外人的目光是不是真的那麼重要？

戀愛、人際交往、成長、婚姻……

我們女孩子，到底應該怎麼過好這一生？

哪怕看的人有一瞬間的感悟，我寫的這些文字也不至於毫無價值。

鈴鐺一直覺得，人活著，所能做出的最厲害的成就不是名利，而是快樂。不光是我，我想任何一個人，大概都不會想過太「軟」的人生。

搖鈴鐺

Part 1

接受普通，努力出眾

其實
你笑起來，眞的蠻可愛的

01

我一直沒說出來的一個秘密，是二十八歲之前，我很少在別人面前露出自己的腳。

我的腳不是被襪子包得嚴嚴實實的，就是被我遮遮掩掩的。

這是我祕密到不能被觸摸的痛楚：我兩隻腳的腳趾都有不同程度的變形，腳趾彎曲，指甲外翻，常常插到肉裡去。

那是國一時某堂體育課。

那個夏天，我剛進入青春期，萌芽了一點愛美意識。穿著涼鞋的我，並沒有意識到自己和別人有什麼不同。

列隊的時候，我旁邊有個女同學突然低頭看了一眼，接著大呼小叫，像發現了新大陸：「你們看，姚XX的腳好大啊！腳趾也很長，好奇怪，好畸形！」

當時我腦子裡轟的一聲，感覺臉頰瞬間著了火。

我慌亂地馬上對比她和我的腳。

的確，她的腳又小又秀氣，我的腳卻又長又寬，像個男人的腳。

我大概記得旁邊幾個女同學好奇地伸出頭，開始七嘴八舌。我記不清她們說了什麼，只記得她們驚訝又誇張的表情。因為當時的我已經一句話都聽不進去了。

等到她們終於結束了討論，開始上課，我悄悄地把腳趾往鞋子裡面縮了縮。

那個週末，我向我媽要了幾百元，去買了一雙帆布鞋。

三十七號，比自己的腳足足小了一號。

之後幾年，我一直努力穿著比自己的腳小一號的鞋子。

那是什麼感受？

從早自習開始，腳趾就必須時刻蜷縮著。走多了路，腳指甲會插進肉裡，痛到不行，我就像行走在刀尖上的小美人魚（沒有侮辱小美人魚的意思）。

痛得實在忍不住的時候，我走路會一瘸一拐的。當有人問我怎麼了，我只能說沒事，然後盡力恢復自然的姿態。也就一年的時間，我的腳趾紅腫發紫，肉壞了又好，好了又壞。

但我很滿意，因為只要不脫鞋不脫襪子，我的腳就是好看的。

女孩的腳怎麼可以太大呢？

02

從國中開始，班上很多女生開始發育了。

胸前鼓起一個小包，無意中碰到就會齜牙咧嘴地喊疼。

但我發育得很晚，直到高中身體才有了點起伏，所以我經常被班上某些惡劣的男同學嘲笑。

媽媽個性比較沒那麼細膩，一直沒有替我買內衣，十七歲的我還穿著小背心。出於敏感的自尊心，我自己偷偷買了一件很廉價的內衣，天天穿。

這無意中被一個交情還不錯的女同學發現了。她很有人氣，也很漂亮，我一直很喜歡她。

生日那天的課間，她突然神秘兮兮地說要送我一件禮物，為我挑了很久。我驚喜又好奇地跟著她走過去，看她從抽屜裡拿出一個包裝得很漂亮的盒子，她把盒子遞給我要我拆開。

班上的男男女女都圍了上來。

我高興地拆開，裡面赫然放著一個最少有一公分厚的綠色海綿墊胸罩。

「Surprise！」

她開始狂笑，拿起內衣高高舉起，再掛在我的脖子上。

「這個顏色我挑了很久呢，是不是很適合你？」

我不記得當天自己是怎麼繼續上課的。我只知道為了不要太尷尬，我一直在笑，跟著旁邊哄堂大笑的同學一起笑。

很好笑吧？我也覺得。

然後我回到座位上，埋著頭，盡量不被察覺地流眼淚，整天沒再說過一句話，直到放學。

後來的很多年裡，別人一說我平胸我就會炸毛。我一直穿著很厚的海綿墊，即使是夏天。每一年，每一年，即使熱到蟬聲如雷，汗順著胸口一直流到肚臍眼。每一年，每一年，胸口經常會長痱子，好了又長，長了又好，直到秋天。

年紀再大一點，我便常常拿平胸這事來自嘲，說自己是吐魯番窪地，上面能停飛機。因為我堅信先捅自己一刀，鮮血淋漓的就沒人會再來捅我了。

我看起來更加厚臉皮。

我看起來更加百毒不侵。

03

當然我也有溫暖的記憶。

之所以想起來寫這些埋了很久的青春期故事，是因為前不久，我被同學加進了一個老同學群組。

裡面有很多熟悉的名字，包括L。

我對他來說，只能算是個面目模糊的路人。

但他對我而言，應該算是我青春期裡為數不多的一束光了。

高二的我，因為自卑常常低著頭，駝著背。我覺得自己很醜，難以言喻的醜，又黑，又瘦，每天瘋鬧，也不可愛。

那時候已經有女生會收到情書，被男生告白了。被人喜歡是一件不能被父母知道，但在同學面前很揚眉吐氣的事。

只有我什麼也沒有。讀書考試的苦悶，青春期的自卑，母親的嚴格管教，無時無刻不纏繞著我。

突然有一天下課時間，我正跟L打鬧，笑得前仰後合的。他突然停下來，盯著我看了兩秒，接著很認真地說了一句：「其實你笑起來真的蠻可愛的。」

我現在還很清晰地記得當時的景象。

早晨的陽光從旁邊的玻璃上透進來。他很高，高到能讓我藏在他的陰影裡。我笑得更大聲了，好像聽見了一個很好笑的笑話。我小心翼翼地把自己的雀躍藏起來，盡量不讓它洩露得太明顯，被他抓住把柄。

後來的很多年裡，我變成了一個非常愛笑的人。我努力地笑，笑到臉上的肌肉都打顫了，笑到眼角布滿魚尾紋，笑出滿嘴的牙齦。

我總是記得他說的那句話，直到我三十一歲，那句話還是很清晰。

那只是隨口的一句安慰吧，卻也讓我憑空明媚起來。

「其實你笑起來真的蠻可愛的。」

04

今年我三十一歲。

我已經有勇氣把這些在心裡藏了幾十年的事情大大方方地當眾說出來。

我不覺得有多丟臉。因為丟臉的不是我，而是那些曾經肆無忌憚地傷害別人的人。

女孩總是容易因外貌被羞辱，特別是年紀小的女孩。這大概就是最早的 PUA* 吧。

如今想起來，什麼多長了一顆痘痘，腳沒有別人的小，胸比人家的平……那些都是少年維特的煩惱吧。

但在那個年紀，那些無疑是沉重到讓我睡不著覺的壓力了。

就像兩歲時的世界末日，是玩具被人搶了；十歲時的世界末日，是考試不及格；十五歲的世界末日，大概也就是臉上長了一顆痘痘，頭髮為什麼這麼塌，同學都嘲笑我平胸，暗戀的人不喜歡我是因為我長得不好看……

成年人可能會覺得不可思議，為什麼要因為別人或故意或無心的一句話，就讓自己活在永無止境的地獄裡？

可能是因為他們的心太老了，老到忘了心理承受能力是隨著年齡的增長而變強的，老到忘了一顆年輕的心有多脆弱。

現在有人說我平胸，我都會直接罵回去。但十五歲時，我只會漲紅了臉，轉過頭去慌不擇路地逃跑。我去買廉價的厚海綿內衣，好像他們傷害了我，倒是我自己的錯。

所以我想起來還是會難過的。

＊PUA：Pick-up Artist 的簡稱，原指搭訕藝術家，現指透過各種手段打壓對方，最終控制對方。

是的。

如今，我都當媽了。

我早就不在乎自己的長腳趾了，甚至為了舒服，還刻意去買大半號的鞋。生完孩子後，我突然覺得小胸也蠻好的，穿衣服還顯瘦，現在我買的內衣都只有一層布。

我持續防曬也不再是為了美白，而是為了抗老。鼻子上有黑頭又怎麼樣？我連遮瑕膏都懶得用。誰會離你那麼近？又不是人人都要跟你接吻。

但我依然會在夢裡，回到青春期走路一瘸一拐還生怕別人看出來的恐懼裡；回到留著齊瀏海連走路都低著頭，害怕被風吹到露出我的高額頭的恐懼裡；回到只有穿著很厚的海綿內衣才有勇氣出門，覺得別人看我一眼都是在指指點點的恐懼裡。

我真的很想穿越回去摸摸自己的頭，告訴這個脆弱的小女孩：腳長還是短，胸大還是小，膚色白還是黑，臉上有幾顆痘痘，根本不影響你的好看。

將來總會有人欣賞你這獨一無二的好看。

就像我的彥祖，無論我什麼時候問他我美不美，他永遠都能真誠地稱讚我，弄得我不知天南地北。

我也想告訴那些無論是懷有惡意，還是僅僅覺得是在開玩笑的小孩子們：人年少的時候，價值觀是不穩定的，很容易被別人的話左右。

你永遠不知道自己一句隨口的玩笑，會給別人造成多大的心理陰影，也不知道你偶爾的一句誇獎，會讓對方建立多大的自信。

做能讓人變得更美好的一束光吧，而不是摧毀自信的一把刀。

我真心這麼希望著。

我的「首富」媽媽

大家認識我媽嗎？

不認識的，我可以介紹一下。

我媽就是每次我發文章以後，下面贊助欄裡那個戴彩色圍巾的女子。她神情堅毅，英姿勃發。

她是我的頭號粉絲，也是我心目中的「首富」。

無論我什麼時候發出文章，都會在半個小時內收到她的贊助。

有時候是一百元，有時候是五十元。金額的多少，主要取決於她當天打麻將有沒有贏錢。

但無論是颳風下雨，還是雲卷雲舒，只要我一發文章，她和我爹的臉一定會出現在那裡，不悲不喜。

不瞞你們說，從我經營社群專頁那年開始，以我媽為圓心，半徑三百公尺的範圍內，只要是還能喘氣的生物，就知道她女兒是大名鼎鼎的「作家」。

不是我自以為的自媒體經營者，也不是嘔心瀝血的「碼字狗」，是作家。

總之，我沒吹過的牛，我媽都替我吹了；我吹過的牛，她要加工得更璀璨些再吹一遍；我不好意思吹的牛，哪怕我捂著她的嘴，她也要聲嘶力竭地對著全世界喊出來。

她的通訊軟體裡有上百個群組。群組訊息太多的時候，我彷彿能在她的手機上看見2G的標誌。

我媽就默默潛伏在裡面，每當我寫了一篇新文，她就會一一轉發到這些群組裡，配上一句：「推薦！難得一見的好文！」

如果有人誇好，她就表明自己作者母親的身分，如果有人說寫的是什麼垃圾，她就刪了那句話當沒看見。

發廣告的時候她就更厲害了，我真的永遠不知道她有多少分身帳號。

重點是，她永遠假裝一副不認識我的樣子。

我媽還是一個合格的推銷員。

自從她退休後來和我們住一起，我便很少出門。

因為她出去散個步，都能說服路人追蹤我的專頁。從社區鄰居到牌友，就連後門水果店的老闆，都自稱是我的粉絲。搞得我一個過氣 KOL，竟被迫有了偶像包袱，去樓下倒垃圾都要塗個口紅。

後來我在網路上開了店。

她喜出望外，因為出去打麻將又有了新的目標，那就是勸牌友來我店裡消費。

我總是在她出去玩牌的下午，收到地址在附近的新訂單，隨之而來的還有她的語音訊息：「女兒，你看到了嗎？我叫打麻將的張阿姨買你店裡的洗髮精！」

還記得有一次我們在家附近的商場逛街，有個阿姨站在 Uniqlo 門口看外套。她眼睛一亮，衝過去就握著人家的手，說我女兒店裡有這個外套，比這裡便宜多了！

我和我爸還在目瞪口呆的時候，她已經幫阿姨下完單了。

從她身上，我懂得了什麼叫傳銷與反傳銷。每當有人想騙我媽的錢，要她下載聽都沒聽過的軟體時，我媽總會反過來叫人家關注我的專頁。

對方疑心這是更新潮的騙術，只好悻悻然地走了。

但她也不是沒碰過釘子。

她退休之前，每次從老家來找我都是和別人共乘。在下車之前，我都會毫不意外地增加三個粉絲，因為四個小時的時間，足夠她講太多的故事。

沒有人能拒絕成為一個諾貝爾文學獎候選者、擁有千萬粉絲的網紅的美少女的粉絲。

唯一一次失敗，是她上次在車上遇到了我的一個老同學。那天她清了清喉嚨，剛打算發展下線，對方就認出了我爸，立刻表示他是我的同學。

我媽剛說出「我女兒」三個字，對方已經迅速向我爸媽分享了他在國內某知名互聯網企業就職，已在大城市購房，有一個打算結婚的女朋友等人生贏家的經歷。

這幾個小時裡，我媽幾次想見縫插針，闡述我的輝煌歷史，都沒能插進去。

一山更有一山高，強中自有強中手。這些年，她還是第一次遇到這樣的情況。所以我媽徬徨了，失落了，徹底沉默了，思緒都被打亂了。

但她並沒有因此受挫一蹶不振。第二天上午，她去菜市場買菜，回來後興高采烈地告訴我，我的專頁又新增了五位附近的粉絲。

我不忍心說出口的是，即使她拚盡全力，拉的粉還沒有我一天掉的多。

03

大家都以為我今天是來炫耀的吧？

不算……是。

大部分時候，我媽的高調讓我感到有些不適。尤其是她花招百出，而我恰好也在場的時候，我簡直想找面牆一頭撞死。

這個世界上厲害的人太多了，狹隘的高調只會徒增笑料。

可還有一些時刻，我不太好意思承認：我確實有得到正面回饋啊！

即便是蹩腳到讓我尷尬的稱讚和鼓勵，也好過別人誇我的時候，我媽謙虛地來一句：「你們不懂，其實她什麼也不會。」

可能是因為內心太怯弱了，我經常會自卑。

我覺得自己長得不夠好看，為什麼我拍照要拚命找角度，拍完還要認真修照片，人家隨便拍拍就光彩動人？

我情商也不高，別人動動嘴就能交到好朋友，我動動嘴卻能收獲一堆仇人。

我文章寫得也普通。圈子裡都是文采飛揚的人，而我，明明認真寫了文章，點閱率一差就會立刻陷入自我懷疑：我是不是不適合吃這一行飯？

但每次當我媽一開口，我就能暗暗挺直背脊：哦，原來我這麼厲害，原來我也值得父母驕傲。原來我這也好，那也好，原來我也能成為他們驕傲的素材。

所以下次，我依舊會一邊抱怨我媽怎麼又在到處炫耀，一邊轉過身，心情不錯地覺得自己沒白寫。

起碼粉絲掉到精光的那天，除了我的彥祖，列表裡肯定還慘兮兮地站著她和我爸。

誰不渴望被家人肯定呢？就算是世界上最寂寂無聞的人。

所有自信、奮鬥的動力都來自他們，只要他們說你可以，你再累也能爬起來覺得自己可以。

也許你在別人的眼裡是個廢物，但只要那兩個人覺得你是天下第一，你就好像已經衣袂飄飛，站在紫金山之巔，成為當之無愧的天下第一了。

二十歲那年，我做夢都想要個十萬元的包

01

二十歲出頭的我，做夢都想擁有一個包。

那種動輒八九萬塊，一眼就能看出來很貴，連縫線都散發出鈔票的味道，好像自己這輩子都搆不到的包。

那個包應該是什麼牌子的呢？一定要是某個國際大牌，而且一定要是包身全是logo的——二十歲的我對奢侈品的狹隘瞭解，僅限於地攤小販都會仿冒，無論男女老少都耳熟能詳的牌子。

想要名牌包怎麼辦？摸摸口袋，自己買不起。畢竟這個年紀的我們，大多拿著少得可憐的薪水，基本生活都要靠父母的支援。

靠男朋友？自己都買不起的東西，憑什麼期望別人送？

人在年輕的時候總有一種錯覺：好像我們僅憑一些身外之物，就能輕而易舉地獲得品味提升。

彼時的我甚至篤定，一個名牌包能帶給我所有的幸福，能蓋住我性格裡那些膽怯的、困窘的、自卑的、抬不起頭的部分。那不僅僅是一個包，還是讓你在同性面前抬得起頭的尊嚴、信心，甚至是能夠用來作為武器或者盔甲之類的東西。

屆時我會走在這個城市繁華的街頭，昂首挺胸，像一隻驕傲的天鵝，尖頭高跟鞋在地板上發出噠噠的響聲。手臂上的包能讓我有自信跟任何階層的人交談都不會心虛發抖。

所以我為了這個並不存在的包，心煩、爭吵，覺得自己所有的不幸都源於買不起這個包。

那時的我，怎麼也想不到：如今那個包就老老實實地躺在我的櫃子裡。包是我自己買的，我沒靠父母也沒靠男人。

但我很少拿出來背。

因為它不太好搭衣服。而且，它也不如我在網路上買的兩百塊的藤編包那麼輕。

年輕時，每個人都會相信一個「真理」：有一天有了很多很多錢，自己就一定比現在開心。

我也曾經掉入這樣的奇怪想法當中，總和彥祖爭吵。因為那個夢寐以求的名牌包，我無法接受自己和對方都對滿足虛榮本身無能為力。

所以我們會因為另一半不夠有錢，不能一擲千金就互相埋怨。

我們會因為囊中羞澀，買不起喜歡的東西就自暴自棄，或者會因為父母給不了得天獨厚的條件，沒有贏在起跑線就怨人怨己。

欲望配不上實力，你心裡就會滋生恨意，卻忘了每一個讓你微笑的時刻，你感受到的幸福都和錢無關。

幸福其實是冬夜裡你打了個寒顫，他攬你進大衣；是打電話給爸媽說好累，他們說大不了辭職回家休息；是小貓慵懶地伸了下腰，對你露出肚皮；是零度天氣看風景，有幸與他共飲冰。

錢確實很重要，可以解婚姻的苦，也能救至親的命。

所以我們眼睛所及之處，全都是錢。
全世界都在告訴你，談戀愛不如賺錢，結婚不如賺錢，似乎錢能解決所有的問題。
但你有沒有想過，自己要過什麼樣的人生？

03

人的幸福感到底來源於哪裡？
以前我發過這樣一則動態。
在大學期間，我每個月只有五千元生活費，去吃一頓自助餐要花三百元。我每次都會趕在餐廳剛開門的時候進去，帶一盒健胃消食片，吃到撐死直到打烊才出來。為了這頓我寧願在公車上來回站兩個小時，然後津津樂道好長時間。
畢業以後，我每個月拿兩萬五左右的薪水，不敢參加同學聚會，怕會要我結帳，每天羨慕同事背著幾萬塊的包。但是那種因為窮所產生的窘迫，我下班以後眨眼就忘了，因為回家路上有一百元的麻辣燙，離幾百公尺遠你都能聞到它的香味，我知道它不是很健康（一個月以後甚至得了胃炎），但是真的很好吃。

後來我換了一份工作，薪水漲到了三萬五。我能在網路上買兩千元一件的裙子了，雙十一時也能跟大家一起湊湊熱鬧了，快一千元的麻辣鍋也能一週去吃一次了，週末還能跟朋友去吃燒烤，我請。

再後來，我在二十歲出頭時渴望過的大多數東西我都能擁有了。說起來我其實應該更幸福才對，但是並沒有。

這樣想來，雖然年輕的時候因為自己穿的地攤貨、買的幾百塊錢的包、出門搭不起計程車真的自卑了很長時間，但要是真正說自己過得有多不快樂其實也不對。

收到在網路上買的兩百元的包時，其實和我前年在日本買下十萬塊的包那時候，快樂程度是一樣的。

吃兩千元的日式料理，其實和我幾年前在大學門口吃一百元的麻辣燙，滿足程度是一樣的。

戀人依舊是那個戀人，朋友也依舊是那幫朋友，除了因出去旅遊去餐廳的次數變多了，我的消費水準和賺兩萬五的時候沒有任何區別。

如今，三十歲的我不再需要靠外在的東西來維持弱不禁風的自信。賺錢確實很有成就感，但是幸福感只有自己能給自己。
很多人過得不快樂都不是因為沒錢。這年頭只要你肯努力一點，都不會太窮。
不幸福的本質是不滿足。

做一個溫柔的人，比做一個成功的人厲害多了

01

上週我和幾個朋友一塊吃飯。

其中一道菜是大閘蟹。

菜端上來後，大家都興致勃勃地上手。只有我旁邊的一個小女生紋絲不動，只是盯著盤子裡的螃蟹發愣。

我問她怎麼不吃？她笑得很勉強，擺手說不要了，吃不慣。

我瞬間意識到一件事：她不會剝螃蟹。

怎麼辦，總不能讓她一直盯著我們吃吧？

我短暫地思考了兩秒，立刻從盤子裡抓起一隻螃蟹，大聲問彥祖這個怎麼吃，說我不會拆。

彥祖瞬間心領神會，拿起螃蟹就開始教我：要先打開蟹蓋，然後拆身體，心、肺、腮都不能

吃，蟹腿裡也有肉，黃色的是蟹黃，最有營養……

我頻頻點頭，用餘光看了一眼旁邊的女生。她也在全神貫注地聽。

我心裡鬆了一口氣。

為什麼我一眼就能看出她的窘迫？因為她手足無措的模樣，真的很像幾年前的自己。

第一次吃螃蟹的我，也是這麼如坐針氈。

那時彥祖扮演了我的角色，他一眼就看出來了，但他什麼也沒說，只是默默地一步步教我，示範給我看。

他沒有嘲笑我，說「你怎麼連這個都不會」或者「你家不至於這麼窮吧，螃蟹都沒得吃」，而是小心翼翼地照顧好我的自尊。

被那麼溫柔對待過的人，才會在同樣的時刻，想溫柔地對待別人。

還記得很早以前，網路上曾經有個熱門問題。

「初次跟女生吃牛排時，女生對服務生說要八分熟*，你應該說些什麼來避免尷尬？」最高票的答案是「我也要八分熟」。

我當時心裡一動：多不動聲色地解圍啊！

想起大學時有個男生請我吃牛排，我拿錯了刀叉。他笑得前仰後合，我的臉紅成了豬肝。

後來的很多場合裡，他都把這件事當成笑話，導致這都成了我的心理陰影，畢業後我再也沒和他聯絡。

同樣是人生的「第一次」，有些人給你的，是無數次回憶起那一刻，心裡蕩漾起的溫柔。有些人給你的是難堪，是自卑，是再也隱藏不住的自慚形穢。

可有人住高樓，有人在深溝；有人光萬丈，有人一身鏽。

那些嘲諷別人的人，不過是剛好生在衣食無憂的家庭，剛好見識了更大的世界，剛好比別人懂得多一點點，剛好比大多數人走運。

所以他們就能仰著頭說一句：怎麼你連這都不會？

可誰又比誰高貴呢？

很多人都有懵懂無知的二十歲，我也是。

我父母沒什麼錢，所以我從小不知道怎麼吃螃蟹，不知道怎麼調轎車的座位，從沒有吃過披薩，第一次坐地鐵坐錯方向了都不好意思問，也不瞭解任何奢侈品牌——所以我在網路上花一千元買到了假名牌包，被人背地裡嘲笑了好幾個月才知道。

那時的我臉皮薄，總是遮遮掩掩的，認為被人看出自己的無知，覺得很丟臉。

不會吃螃蟹覺得丟臉，沒坐過轎車覺得丟臉，買到假名牌包覺得丟臉，第一次吃西式速食不知道吸管在哪裡拿，也覺得丟臉。

過了好多年我才意識到，丟臉的根本不是我，而是那些有著與生俱來的優越家境，有著父母提供的廣闊視野，就把運氣誤以為是能力，肆無忌憚嘲笑和挖苦別人的人。

我從沒有去雪朗峰山頂的旋轉餐廳吃過飯，沒有到巴黎的廣場餵過鴿子，不知道阿拉斯加帝王蟹是什麼味道，也不能體會有一櫃子的名牌包是什麼感覺。

但是二十歲的我沒有體驗過這種生活，並不意味著三十歲、四十歲的我也沒辦法觸摸這種生活。

*八分熟：牛排熟度分為一分熟、三分熟、五分熟、七分熟、全熟，通常沒有八分熟的選項。

每個人都有第一次，在人生中的很多時刻。

每個人也不會永遠停留在第一次，因為我們總會越來越好。

也是很久以後我才知道，那些為了讓自己看起來很厲害好像見過很多世面，而去嘲笑和傷害別人的人有多可笑。

畢竟做一個溫柔的人，可比做一個成功的人厲害多了。

他愛占便宜的樣子真醜

01

剛工作時，我非常非常窮。

窮到什麼地步呢？我一個月的薪水就兩萬出頭。要付房租，要吃飯，要買生活用品……在女孩最年輕漂亮的年紀，我卻只能買得起開架化妝品。

所以我那時候疏遠了不少同學和朋友，因為維持友情是要花錢的——聚會要花錢，吃飯要花錢，出門要花錢。我又不想總是占別人的便宜，就只能用一些工作忙、要加班之類的蹩腳理由來搪塞對方。

直到有一天，一個大學同學被調到同一個城市工作，她約我和一個我們的共同的朋友一起吃飯。

我嚇得瑟瑟發抖一直推託，改了好幾個時間

都說沒空。共同好友還在打圓場，說再找一天吧，她卻生氣了：我都那麼熟了還不給面子，找你出來吃飯怎麼比找玉皇大帝還難？

她都這麼說了，我只好答應。我咬咬牙說我請你們去某某餐廳吃吧。我當時都估算好價格了：人均消費五百元左右，我還能承擔。

你猜她說什麼？「你這請客也太沒誠意了吧！我知道一家更好吃的，我們就去那。」然後她不等我回答就發了地址，說你們搭計程車過來吧！

飯桌上，她開始搶著點菜，本著「不求最對，只求最貴」、「不求品質，只求數量」的原則，點了一堆菜，還說老同學敘舊怎麼能不喝酒，非要加瓶紅酒。

吃飽喝足之後，桌上果然還有不少東西沒動。她靠在椅背上愜意地剔牙，我起身去結帳。

朋友心生不忍，拉著我說太貴了，要不我們平攤吧。她毫不在乎地說：「哎呀，沒關係，她有錢！」

這頓飯我吃得非常難過。我一言不發，心裡一直在滴血。三個人居然吃了快四千塊，這是我好幾天的薪水。我長這麼大都沒吃過這麼貴的飯，這是頭一次。

吃乾抹淨以後，自然是揮手道別了，她嬉皮笑臉：「謝謝款待，我走了，下次請你！」

可是這樣的人，自然是沒有下次了——她不只沒回請，後來還無數次在通訊軟體上追著我繼續要我請客，我再傻也該拒絕了。

後來我才從幾個共同好友的口中得知，原來這個人一向討人厭，大學時就整天蹭吃蹭喝，出去吃飯從不買單，早已經臭名昭彰了。

當時我就在想，那些愛占便宜的人，到底是怎麼想的？

畢竟之前好朋友說請吃飯，我向來想的都是怎麼幫對方省錢，恨不得找最實惠的餐廳，點最划算的菜，喜歡的龍蝦吃完了都不敢再加點一份。不占便宜是修養，而且是起碼的人際交往規則和餐桌文化吧。

沒想到世界上還有這種人，你顧念朋友情誼，她卻想著「有便宜不占白不占」。

我把你當朋友，你把我當傻子？

02

之前有個還在大學念書的讀者，也跟我吐槽過他的室友。

一個無比奇葩的「水蛭」，看到誰他都想吸口血。

首先他超愛占便宜，不管跟誰出門都不帶錢包。不管吃東西還是逛超市，他都說你先幫我買單吧，我沒零錢，回去就不提還錢的事了。你要是鼓起勇氣問他，他還會鄙夷地說：「你是不是窮瘋了？這點錢都要？」

然後他每天到了吃飯時間也不下樓，要你幫他外帶。吃完飯他當然也是不會給錢的了。你要是拒絕，他還會嘟囔：「不就是順便而已嗎，你也太小氣了吧？」

他會蹭你的衣服穿，蹭你的保養品抹，偷偷用你的洗髮精、沐浴露，甚至還拿個小瓶子裝了藏起來……

最無語的是不管你是拿了獎學金，還是打工賺了點錢，他要是知道了一定會嚷嚷著要你請客。吃便宜的還不行，一定要高級的，不然你就是小氣，就是計較，就是自私！

他的口頭禪就是「你這麼有錢，為什麼不請我吃飯」，被拒絕了他還會說：「這年頭就是越有錢的越小氣！」

讀者氣得肺都要炸了：「鈴鐺你來評評理。我有錢，那也是我爸媽的血汗錢，我自己賺的辛苦錢。我是坑你了還是欠你了，不要臉怎麼都這麼心安理得？」

「你說我小氣，你給過我一分錢嗎？你請我吃過一頓飯嗎？」

03

「恬不知恥，像乞丐一樣伸手的你，尊嚴又值幾毛錢？」

生活中總有這樣的人。

你出門旅遊好心幫他代購，跑了無數地方花了大筆交通費，他在網路上算好匯率還要求去掉零頭。

他請你幫忙外帶午餐買東西，說回來再給你錢，結果就再也沒提這件事了，你還不好意思問。

要你免費幫他跑腿打雜，你不願意，他還說你怎麼這麼小氣，這點小忙都不願意幫。

他甚至慷他人之慨，占你的便宜去立自己的大方人設，你拒絕他還說你精明算計……

你用自己的血，養活了這些不要臉的奇葩；他們占完你的便宜，卻回頭說你小氣。

有時候我也會思考，這些每天說別人小氣的人，自己真的大方嗎？

不，他們骨子裡其實比誰都吝嗇，心比誰都窮。

要不是這樣，他們怎麼會天天追著別人想占點便宜？

往往這樣的人，胃口會被退讓心軟的你養得越來越大，越來越覺得別人的付出是理所應當的。都說斗米養恩、擔米養仇，讓他占了一時的便宜，你就得吃一輩子的虧，不然他甚至會恨你。

這都是慣出來的毛病。

他絲毫不會因為你給了他好處、方便就心存感激，他只會覺得能占到便宜是他的本事：「我憑我的能力占的便宜，為什麼要還人情？」

呵呵。

人有時候很奇怪，連鈴鐺自己也是如此：越是遇到那種不想讓我吃虧的，我反而越希望多付出，也越不願讓他吃虧，最後我們都成了很好的朋友；越是遇到那種喜歡占我便宜，費盡心思從我身上扒皮的，我越會跟他計較，什麼都算得一清二楚，最後對他敬而遠之。

我是有錢了，但也不想把錢花到這種人身上。

我愛的人太多了，我對他們好都忙不過來。

對，你是占到了便宜沒錯，但是你知道自己失去了什麼嗎？

你失去的，是多少錢都換不回來的人品和幾百萬都買不到的人心。

那些看起來無堅不摧的成年人，其實心裡都住著一個吃不飽的孩子

我前幾天上網，看到一個問題。

為什麼會有人穿一雙兩百塊的帆布鞋？

我看了心裡覺得很悶，這個問題裡是滿滿的何不食肉糜。

我都能想像到電腦對面的那個人，帶著鄙夷的神情，一邊蹺著穿著名牌鞋的腳，一邊在鍵盤上劈哩啪啦地打下這行字的情景。

為什麼會有人穿兩百塊的帆布鞋？

大部分人的第一反應，可能是因為買不起兩千塊的名牌吧。

但他們不知道，這個世界上還有一種人，是連兩百塊的帆布鞋都沒有機會穿的。

從小到大，向南身上所有的衣服都是親戚給的。

別說什麼帆布鞋了，連穿正常的鞋子都是奢望——鞋子是媽媽淘汰下來的高跟鞋，她把鞋跟敲掉了繼續穿，走路時前腳掌是翹起來的，非常奇怪；外套是姑姑的，老氣橫秋的款式，還不合身，非常怪異；冬天的毛衣是人家穿了好多年不要的，上面起了很多小毛球。每天早上往頭上套衣服的時候，她都覺得自己像個乞丐。

唯一的區別是什麼呢？可能是乞丐還有在垃圾堆裡翻揀衣服的自由。

她沒有。

向南家裡並不窮。確切來說，沒有窮到那個地步。只是在父母看來，一切讀書求學以外的消費都是不必要的，比如零用錢，比如新衣服。

她還有弟弟妹妹，父母哪來那麼多的閒錢買衣服給她？

於是從小學開始，她就因為穿著被人歧視。同學排擠她、嘲笑她、孤立她。有時候碰巧一起放學回家，同學還會把她圍在中間，哈哈大笑：「你說世界上會不會還有一個人跟你一樣，每天穿著抹布？」

因為無知，孩子的惡意總是赤裸裸的，毫不掩飾。

她也不是沒有反抗過。

有一次考試拿了高分，向南畏畏縮縮地跟媽媽說，想要她帶自己去買衣服。

話音未落，媽媽就暴跳如雷，憤怒地用手指點著她的腦袋說：「這麼小就學會了比較，不缺吃不缺穿的，給你上學就不錯了，你有什麼臉要這要那的？」

她語塞。那一刻她的心裡好像突然張開了一隻眼睛，在默默地流著淚。

從此以後，她再也沒有向父母開過一次口。

在殘忍得根本意識不到孩子也有自尊心的大人面前，還有什麼好說的？

那年她也才十歲。面對洶湧得無法抵抗的自卑，她好像一瞬間長大了，獨立於同齡人之外，像個旁觀者，也像個怪胎。

02

轉眼到了高中，她讀了寄宿學校，父母給她一個月兩千塊錢的生活費。

不多，勉強夠吃飯，但好歹她擁有了第一筆可以自由支配的財產。

她悄悄存了一個多月的錢，每餐只吃一道菜，終於存到了人生中第一個五百元。

然後她握著錢去了學校附近的一家服飾店。

現在想起來，那不過是一家很破的小鎮服飾店，屋頂看起來隨時都會被掀開，但對毫無消費經驗的她來說，進去難免也會感到畏縮。

像叢林一樣密集凌亂的衣服貨架，似笑非笑不停打量她的店員，小心翼翼到落地都不敢發出聲音的腳步，還有她手裡握了很久的汗津津的五百塊。

她偷偷觀察店裡的其他顧客，學她們在衣架上翻來翻去，極力讓自己看起來像個老手，她看了很久，才有一個店員神色倨傲地踱步過來，像是很不耐煩她來回翻衣服，高聲的詢問裡都是掩蓋不住的反感。

「同學，你要買什麼？沒看好別亂翻。」

她措手不及，粉飾半天的熟練轟然垮塌。她只好怯生生地回道：「想買一套上衣和褲子，秋天穿的。」

店員在貨架上找了半天，丟來一件藏青色帽T和長褲。她覺得還可以。也有可能當時的她根本不知道審美觀為何物。

沒有在身上比一下，更沒有試穿，因為她根本沒有想過合不合適——往後的十幾年裡，她買衣服也從不試穿。在鏡子前面打量自己讓她覺得渾身難受，周遭的目光在她看來都是嘲弄。

從走進店裡到結完帳，全程也就十分鐘。她拿著衣服，像隻喪家之犬似的匆忙逃離這裡。

03

「你今天看起來蠻漂亮的，這套衣服我很喜歡。」

穿著新衣服上課的第一天，她就被稱讚了。

那個平時根本不正眼瞧她的男生，她暗戀了很久的男生，居然認認真真地看著她，還稱讚她好看。

向南漲紅了臉，心跳得很快，囁嚅了半天才擠出一句「謝謝」。後來，那堂課她一個字也沒有聽進去，腦海裡反覆迴響著男生說的每一個字。

「蠻漂亮，很喜歡。」

一整天，她懷裡都好像藏了一隻兔子，那隻兔子在不停地跳躍。她慌張得只好趴在桌子上，生怕被別人偷窺到了她心裡的笑聲。

後來想起來，那不過是一套很蹩腳的衣服，尺寸都不對，很大一件，畢竟她當時根本不知道買衣服要看尺寸。但那又有什麼關係呢？她終於擁有了人生裡屬於自己的第一套衣服啊！

她再也不用因為衣服不合身或太老氣而被人笑了；再也不用因為褲子上有補丁就謊稱自己生病不去上體育課了；再也不怕跟同學來往了，下課也不用總是獨自一人坐在自己的位子上了。

之後的向南，每天心心念念要穿那件衣服上學。她甚至會在陰雨天衣服根本沒乾的時候，硬著頭皮穿上那件衣服。帽T潤濕了內衣，長褲浸濕了內褲，她都不在乎。

她唯一害怕的，是被人發現濕潤的衣袖和衣角，所以不敢跟人靠太近。有人伸手拉她她都會靈活地躲避，上廁所都特意去沒有人的樓層。

畢業以後，那套衣服被她束之高閣，她不再穿了，卻總會拿出來撫摸。

畢竟，那是她晦澀灰暗的青春裡，為數不多的一點亮光了。

後來向南就這樣寂靜無聲地長大。

直到二十多歲，她才發現自己有病。

她得了瘋狂買衣服的病——多的時候，她一個月可以買到兩百多件衣服，百貨公司去不起，就在網路上下單；貴的衣服買不起，就買便宜的。

飯可以不吃，衣服一定要買。到最後，一堆廉價的衣服多到連衣櫃都放不下了，在房間裡雜亂地堆成一座小山。有些衣服她只穿過一兩次，大部分衣服連吊牌都沒拆。但她還是樂此不疲地買，瘋狂地買，補償性地買，報復性地買——只有在下單結帳的那一刻，心裡那個欲望的黑洞才被填得滿滿的，心裡再也不空蕩蕩的了。

似乎全部的自尊，在下單買衣服的那一刻都能得到。

她每個月三四萬的薪水，幾乎都花在買衣服上了。為了省錢買衣服，她長期節食，瘦骨嶙峋，脾氣也越來越暴躁。相戀幾年的男朋友實在無法忍受，終於跟她分手了。

分手那天，她把自己一個人關在房間裡，一邊痛哭到嘔吐，一邊在手機上瘋狂地翻著收藏的店家，看哪家有新品上架。

黑暗裡，每一件衣服都在向她眨著眼睛，對她說：「買吧，買吧，買了你就開心了。」

後來她看到一句話——

「魚身體裡那麼多刺，不會痛嗎？」

這說法用在人身上也很適合，那些往事曾經像刺一樣扎在身體裡，時間久了我們就感覺不到痛了，它們大概不是消失了，而是都已經變成我們的骨頭了吧。

可能是吧，以前那些因為穿著而丟掉的自尊，是把她扎得千瘡百孔的刺。現在，它們卻都逐漸變成了她賴以生存的骨頭。她回憶起一次，就會疼痛一次，萬不得已把止痛藥打進血液裡，只有透過不斷消費來減輕疼痛，在短暫的撫慰中得到救贖。

過了這麼久，她才發現自己是個傷痕累累的病人。

不幸的是，她一直沒能遇到醫生。

05

這是來自我一個朋友的親身經歷，真實的故事。

她現在三十歲了，其實薪水已經很高了，能買得起上萬元的衣服了，但她還是克制不住地買著兩百元的廉價裙子。

因為這樣她就能買得更多一些，再多一些，多到她饑餓的心終於得到了溫飽。好像這樣做就能補償曾經那個十歲的小女孩，幫她逃離同學逼問她為什麼穿著抹布來上學的窘迫。

她無數次問過自己，也質問過父母：為什麼小時候要這樣對待她？為什麼寧願打她一頓也不給她買新衣服，在她發育階段還逼著她穿了幾年的母親變形褪色的內衣？為什麼同樣是父母的孩子，弟弟就能每個月穿新衣服，拿五千元的零用錢？

她想不通，怎麼也想不通，每次哭著問父母，他們都一臉無辜地說不記得了，還罵她怎麼這麼記仇，只知道打扮，爸媽養你這麼大容易嗎？

這個坎，她可能這輩子都過不去了。

長大以後，我才發現那些看起來衣冠楚楚的成年人，無堅不摧的成年人，其實心裡都住著一個吃不飽的孩子。

有些人小時候食物匱乏，長大以後的表現就是得了暴食症，吃飯又快又多，吃到哭，吃到嘔吐，下一頓卻又抑制不住地往嘴裡塞食物。

有些人小時候總是得不到想要的玩具，四五十歲了還癡迷於洋娃娃和公仔，即使被嘲笑幼稚，即使買到傾家蕩產，也停止不了囤積玩具的步伐。

有些人小時候沒有得到過親人的關心，長大以後就會不斷地被壞男人欺騙。幾十塊錢的麻辣燙就能把她們騙走，一點點的溫暖就會讓她們淪陷。

小時候缺乏的，長大以後人都會努力地想要補回來。於是很多人一生都被困在治癒童年心理創傷的陰影中走不出來。

可是說到底，我們缺的不是物質，是愛。食物、衣服，這些都不是愛啊。

我好想穿越回去，抱抱這些難過的小孩，也抱抱長大了的他們。

我知道的，我知道的啊，你不是瘋了，你只是病了。

抱抱你。

三十一歲生日，我想告訴你的

01

其實你眞的沒必要那麼在意別人的感受。

以前我是討好型人格。

討好到什麼地步？你給我一片樹葉，我就感恩戴德到恨不得為你建一座花園；你對我笑一下，我就想立刻告訴你我的提款卡密碼。

做很多事之前，我會優先考慮別人開不開心，把自己的感受擺在最後。

然後……我變得憂鬱了。

我討好的那些「朋友」，並沒有按我所願被我的付出所打動。我事事以別人為先，反而讓人家習慣了事事以我為後。

長此以往，我心理失衡，徹底爆炸，乾脆自暴自棄。但當我不再一味地討好別人時，我發現別人反而會在意我的想法了。

我才驀然意識到，你自己都不關心自己的感受，憑什麼要別人關心你的感受？

怕得罪別人就一直忍耐，怕破壞自己的完美形象，真正想說的話想做的事就都壓抑著。裝好人的下場就是要一輩子裝好人。哪天你壓抑不住了，就全都白裝了。

全世界都會指責你：你怎麼變得這麼自私？

別覺得「為自己著想」這件事丟臉。只要不以傷害別人為目的，每個人都有權多愛自己一點。

總為別人考慮，是在對自己施暴。

02

你不用跟每個人都成為朋友。

博主燕公子發過一則動態，說她朋友公司有個員工，不討好任何人，公司舉辦團體活動也不去，平時也不跟同事打交道，所以沒什麼朋友，也根本不會晉升。

有人說他蠢。

我就很疑惑，成年人沒有不搞人際關係的自由嗎？

不是每個人的追求都是升遷、被上司器重、受同事喜愛。比起全公司一起聚會，他可能更想早點回家，宅著打兩場遊戲，享受有老婆有孩子的幸福家庭。

我也沒幾個朋友，以前覺得丟臉，甚至會擔心結婚的時候沒人可邀請，朋友席坐不滿一桌。

現在我發現年紀大了體力真的跟不上了，朋友少的好處是在照顧家庭以外，你僅剩的精力可以分給值得你去陪伴的人。

真的，你不一定需要那麼多的朋友。

03

賺錢很重要，但快樂更重要。

我真誠地對大家說，確實要加油賺錢，但你千萬不要把賺錢放在人生的第一位。

雖然這種話有點站著說話不腰疼的意思，但實際上我焦慮症最嚴重的那段時間，正是我賺錢最快的那段時間。

因為有錢不可能不賺啊，我沒日沒夜地寫稿，有時候連覺也不睡，連續運轉的後果就是我的情緒徹底崩潰了。

有一次我一整天都寫不出一個字，焦慮到拿頭撞牆。彥祖嚇壞了，我爸媽也嚇壞了。

後來我就知道了，有些錢本來就不屬於我這種人。

上進、奮鬥和狂加班，都是需要良好的心理素質和身體素質的。

當然我也會很羨慕那些擅長賺錢的人啦。他們在社交平台上曬存款、豪宅，我也會跟著做做夢。但真要我拿自己的生活跟他們交換，我其實是不願意的。

除非我看見他們真的財富自由到能提前退休。

賺錢是為了什麼？為了生活得更好。

如果你能賺到很多錢，但沒有談戀愛的時間，沒有陪家人的時間，沒有享受美食的時間，沒有出去旅遊的時間。和朋友家人都疏遠了，等到你有時間的時候一切都晚了。

青春不再，心境不再。

那你賺錢是為了什麼？

04

臉皮沒那麼重要。

我以前臉皮薄，個性軟，誰看見都想捏一捏。有人說我斤斤計較，我臉紅脖子粗地反駁；有人說我喜歡吃醋，我就在該吃醋的時候強行裝大方。

後來我發現去你的。

有些人，很壞又很假。他們不敢光明正大地幹壞事，就利用你臉皮薄這一點來欺負你，你生氣還用道德綁架你，以達到他們內心陰暗的目的。

現在誰敢讓我尷尬，我就敢讓他更尷尬。

「你為什麼這麼斤斤計較？」

「因為我摳。」

「你為什麼會生氣？」

「因為我吃醋。」

「你們為什麼不在家做飯？」

「因為我們懶。」

「你為什麼不把吃的分給我？」

「因為我自己都不夠吃。」

05

珍惜那些不計回報對你好的人，以及事事把你擺在第一位的人。

年紀越大越覺得這種人珍貴。

我最好的閨密，我和她有什麼好吃的都想著對方，遇到什麼不開心的都會互相傾訴。人到中年，身邊有朋友沒有任何功利心地在和你交往，這在逼仄的人生裡真的非常非常治癒人啊！

不光是朋友，家人也是一樣。可能人類的弱點就是容易忽視身邊這樣的人，但只要你經過一次大的打擊，就知道這種關係有多值得珍惜了。

因為其實在很多人的眼裡，你沒有自己想像得那麼重要。

所以把你看得天下第一重要的人，請你一定、一定要珍惜他。

06

聽了一萬個道理，也不如自己摔個跟頭有用。

聊了這麼多，其實隨你愛聽不聽。要是你覺得不對，就當我胡說。

身為射手座，我很清楚，對於有些人來說，除非你自己重重摔了一跤，疼痛讓你長了記性，否則你不同意的道理，別人說再多你都聽不進去。

其實所有寫雞湯文的人，也不過是在找志同道合的人罷了。有切身體會，才有感同身受。

如果沒有，通往幸福的就只有一條捷徑：保持真實、努力、善良。相信自己，然後堅持下去。

「人成功的方法只有一種，那就是按自己喜歡的方式過一生。」

十九歲喜歡的人，三十二歲還在身邊

01

昨天中午我和彥祖去吃小籠包。

等上菜的時候，他突然接到了一個工作上的電話，表情瞬間從放鬆變得嚴肅。他跟電話那邊的人說著什麼。

當時我正在滑手機，看到一則「十八歲喜歡的人，二十八歲還在身邊」，我抬頭看了看他。

畫面和十九歲的他慢慢重疊了。

那時候我們剛談戀愛。他面龐青澀，體型瘦削。他會經常在和我吃飯的時候打電話給同學，興高采烈地與他們討論遊戲的玩法、暑假要去哪個網咖通宵，說要去那家開了十三年的宵夜店吃燒烤。

如今的他微微發福，有了一點雙下巴。我們

依舊坐在一起吃飯，像當年一樣。接電話的內容從遊戲該怎麼打，變成了我聽不懂的工作術語。我們已經三十多歲了，他已經是個成熟的職場人士，也是我兩歲孩子的爸爸。

以前的我們，都沒有想過如今會是這個樣子吧？

於是我拿起手機，在那則動態底下留下一句「十九歲喜歡的人，三十二歲還在身邊」。

02

剛好前段時間，我腦海裡就一直縈繞著一句話。

「十幾歲的時候，你預料過今天嗎？」

假如在某一刻，天空裡突然出現了上面這一行大字。

你會想什麼？

大概，那些在辦公大樓裡徹夜加班的人，一邊哄孩子一邊看窗外路燈的人，和忘不掉的人分手，找了個彼此都不那麼深愛但也不會因此受愛情的苦的相親對象結婚的人，被生活的疲憊折磨得忘了擁抱，也忘了關心身邊最該珍惜的人的人，都會抬起頭，看著這行字默默地出神。

今天做的工作，還是不是你以前想做的那一個？

現在過著的生活，是不是你以前希望過的那一種？

身邊躺著的人，還是不是你當初夢想和他結婚的那個人？

反正我從沒思考過。

尤其是過十八歲生日的時候，我怎麼會知道當初那個在聚光燈下瘋狂搖頭的理科男貝斯手，會成為我未來的丈夫呢？

我更不可能知道十多年後，我們會一起打拚，一路升級打怪，還會生一個可愛的寶寶。如今我們每天工作完，把孩子哄睡後，就激動地開始搞宵夜啤酒，吃完撐得睡不著，兩個人就七仰八叉地躺在床上玩手機，聊聊天再睡覺。

原本，我以為自己會是個一輩子不結婚不生孩子的人。

03

所有情侶都吵架，我們也不例外。

在二十歲的時候，我倆是朋友圈裡出了名的吵架王者。

吵架理由有但不限於他去吃宵夜不帶我，他打遊戲不教我，他吃飯的時候吃的菜比我多，他不肯穿我買的粉色情侶裝，等等。

由於衝突太激烈又頻繁，身邊沒有一個人是看好我們能走到最後的（包括我自己也不太信）。

吵架吵得最凶的那一次，我哭得抽抽噎噎的，感傷地說：「要是我們以後真的分手了，十年後在街頭相遇，你見到我牽了個小女孩，對我說『你女兒真可愛』，問我叫什麼名字。我會告訴你，『她姓劉，叫劉不悔』，意思是我愛過你，但我不後悔。」

當時氣炸的彥祖瞬間笑場，因為這話太肉麻。這麼多年了，他還會時不時把這件事拿出來說。

十四年了，我們沒分手，而是結了婚。我們也沒有生女兒，而是生了個兒子。兒子大名也不叫劉不悔，小名叫小咕嚕。我們還一起去了很多很多地方。

以前是兩個人在一起。

後來偶爾會六個人一起。

再後來又多了一個小孩。

04

我其實是個很難與別人建立長期關係的人。

這大概是傳說中的邊緣型人格吧，容易喜歡上一個人也容易厭煩一個人，不自覺就會把很多關係搞砸。

所以從小到大，他是我唯一交往超過十年的「朋友」。

在一起的那些年，我逐漸覺得這個人很神奇。

怎麼有人吵架吵成這樣還不會分手，過一會兒就跟什麼事也沒發生一樣正常和我說話？

原來不是每個人吵完架都會封鎖對方，讓關係崩潰啊！原來他指出我的不好，是為了改善我們之間的關係，而不是為了一腳踢開我。

從這段關係裡，我才知道人和人之間最大的安全感是「我再怎麼無理取鬧你都不會離開」，關係裡最值得珍惜的特質也不是喜歡，而是堅持。

相愛很難嗎？有賀爾蒙的悸動，長得不難看，有曖昧的場合催化，就能做到。但想長久維護一段關係，還是得有幸運、努力的成分，還有即使覺得痛苦、日子難熬，也絕對捨不得放下彼此的決心。

現代人都太驕傲了。

恐婚恐生的人太多，不信愛情的人也太多。

有些人想著反正選擇那麼多，大不了吵架了就封鎖，不開心就分手。這是很瀟灑，但和誰相處不需要時間磨合呢？

所以從校園到婚紗的留言，才會被讚到變成前排吧。

大家需要一點點甜，就算是看起來很甜。大家都需要給自己一點進入一段關係的信心。

對現在的我來說，與彥祖一起度過的每一年都值得慶祝。我不再覺得吵架可怕，因為我知道我倆怎麼吵都不會分手，太熟了，也不好意思撂太過分的狠話。每次想到我們餘生還有更多的時間一起虛度，我不會孤單一人，就覺得好像未來也沒有那麼黑暗。

我三十二歲了。

比起年輕時幻想的矢志不渝的愛、轟轟烈烈的喜歡、雲霄飛車一樣的分手失戀、甜到發膩的偶像劇劇情，現在更能打動我的，是兩個人一起為了同一個目標努力，一起吃胖肚子，一起牽手摟著孩子睡覺。

年紀大了，膽子也會變小。現在的我喜歡平穩、平和、平淡，不要再考驗我已經很脆弱的小心臟了。

其實我和彥祖都是普通人，像所有平凡夫妻一樣。他性子急，我脾氣也差，平時會哭會鬧會拌嘴，旁人看來也沒有多甜蜜多細節化，只是青春裡的回憶讓我們給彼此鍍了一層金吧。

這層金，是哪怕有一天時間讓愛變得透明了，也足夠讓我們因為數不清的美好回憶，再一次喚起當年珍惜對方的心情。

當然會有比他更優秀的異性存在，但是那麼多回憶裡，都只有他在啊。

就像那句話所說的：所謂新鮮感，不是和未知的人一起去做同樣的事情，而是和已知的人一起去體驗未知的人生。

節日不是爲了禮物，是爲了提醒大家別忘了愛與被愛

昨天晚上我計畫了很久，該怎麼拿到我老公的手機。

首先必須等到他先睡著。

這很難，主要是我睡眠品質很好。每次他還沒入睡，我就迫不及待先「昏迷」了，彷彿被人打了一個悶棍一直躺到天亮。

其次是我動手拿的時候，還不能驚醒他。

彥祖跟我不一樣，他稍微有個風吹草動就會醒。他手機放在床頭，我去拿必須要上半身越過他的身體；本人心理素質還很差，他眼皮稍微動一下，都能瞬間摧毀我的心理防線。

所以睡前我考慮了半天，還是老老實實地對他說：「你能不能把你的手機給我。」

彥祖：「你自己拿吧。」

得到允許以後，我戰戰兢兢地拿過手機，像

揑著一整個宇宙。

本想著等他睡著再說，結果我又先睏了。彷彿被一種使命感召喚，我在凌晨五點突然驚醒。

藉著窗外路燈的一點光亮，我小心翼翼地解鎖了手機。

沒錯。

今天就是「五二〇」了，我想幫他抽個「天鵝之夢」。

為此我還特別先問了他的朋友「天鵝之夢」是怎麼抽的。

就是王者榮耀*裡面那個小喬造型。這造型不能贈送也不能買，只能用本人帳號儲值，抽到榮耀水晶換。

我們幾個朋友有個遊戲群組。他在裡面提了好幾次，想累積積分抽個小喬。又捨不得花太多錢，所以每次儲值幾十元碰運氣。

我為什麼想到送他造型？其實今年的五二〇我根本沒有為他提前準備禮物，更別說過節了（因為我忘了）。直到昨晚，我收到了他神秘兮兮抱給我的一人高的包裹。我拆開一看，是一個巨大的洋娃娃。

我疑惑地望向他，他看著我笑。

*王者榮耀：一款知名多人線上快捷奏競技手機遊戲，台灣版為「傳說對決」。

我瞬間想起四月底，我曾經怒不可遏地發過一則動態。

為了兌換一個漂亮的娃娃，我拉著彥祖在家門口的電玩店打了一個月的遊戲機。用四千獎券把它抱回家，結果拆開一看，娃娃是個禿頭！

當時我還專程去找老闆換。結果人家當著我們的面拆了兩個娃娃，居然都比我手上的禿得還要厲害。

我只好悻悻地回家了。

我想說的是，我們在一起這麼多年，其實過節的日子屈指可數。

戀愛的時候，我們都沒什麼錢，過節就是出去餐廳吃個飯，買廉價禮物。我還抱怨過沒浪漫沒驚喜。

結婚後，我們增加了個紀念日。奈何兩人記性都不好（也不排除他是裝的），總是過了幾個月才恍然大悟地想起。

生日和情人節有紅包和鮮花，但我覺得送鮮花不划算，而夫妻之間轉帳又沒有意義，畢竟都是共同財產了，他的錢都在我這。左手倒右手給別人看，就圖個虛榮心，有意思嗎？

所以結婚時間長了，真的會有種「睡在我上鋪的兄弟」的感覺。

不知道你們能不能理解，那種路越來越平，常常會覺得無聊，大部分時間都沒什麼波瀾，你也知道，往後的人生絕對沒有任何意外的生活。

尤其在很多人有了孩子以後，似乎妻子丈夫的屬性都越來越弱。總有個小朋友睡在你們中間，你們談話的主題基本都圍繞著孩子，撒嬌和媽媽的形象不大相配，就像黏人跟爸爸的身分不搭一樣。

所有人都期待你們成熟穩重，表現得像個眞正的大人，一切跟精神需求有關的行為都被視為做作。這時候你身邊那位，還願意去維護你內心的花園，眞的是一件非常溫暖的事。

他完全可以什麼也不買，反正我也不會記得，就算記得，頂多抱怨五分鐘也就過了。多年夫妻，有幾個人會真的為了五二〇沒禮物吵架？人生那麼長，怎麼吵得完？娃娃其實不貴，只要一千元。在社交平台上一堆幾萬元的轉帳記錄面前，九十九朵玫瑰顯得過於樸實。

但比起價格，更重要的是我們還互相惦記，重要的是結了婚以後不會因為做了「孩子的爸」、「孩子的媽」就無視彼此精神上的需求，還美其名曰老夫老妻。

所以在今年二月十四那天，我為彥祖和小咕嚕寫了一段這樣的話：

節日原本沒有意義，是我們所愛的人為它賦予了意義；禮物原本沒有意義，是彼此的眞心為它賦予了意義；依偎原本沒有意義，是相濡以沫為它賦予了意義。我也時常覺得自己乏善可陳，直到遇見你和他。有你們的每一天都是節日，每一分鐘都是禮物。

我想，在每個節日，女生最在意的不是禮物，也不是大餐，而是篤信自己正被人惦念著，也同樣惦念著別人，這才是節日存在的理由。

希望大家都能找到惦念自己的人。

Part 2

愛得不夠，才藉口多多

愛美是原罪嗎？

01

說個故事。

我有個朋友，她大學時曾因為喜歡化妝，被整個寢室排擠。

她家境寬裕，從小愛美，高中時就開始敷面膜，考上大學後存錢買了一堆化妝品，每天起床都塗塗抹抹，沒事還會看美妝影片。

剛開始，室友看見她化妝，還好奇地來問這問那，時間長了不知道哪看不慣了，開始莫名其妙地在她背後嚼舌根。

最開始傳出來一些風言風語，說她整天打扮就是為了勾引男人，後來她們經常在公眾場合大呼小叫：「你今天又化妝了呀！粉塗得太厚了吧！我超怕麻煩，連眉毛都不畫。」

潛臺詞就是，你化妝你虛偽，我素顏我真實。喜歡化妝本質上就是長得醜，見不得人，不然為什麼每天都要化妝？

我記得最清楚的一次是班級聚會，她對著鏡子仔仔細細地畫眼線，結果旁邊有個室友陰陽怪氣地說：「每天塗脂抹粉的，有必要嗎？誰會看你？」

我現在還記得朋友當時說的話：「我不懂為什麼她們對我有這麼大的惡意。大家都在青春愛美的年紀，什麼時候連化妝都成了一件感到羞恥的事？」

我知道，因為她嫉妒，因為她狹隘，因為她從小沒有被灌輸過「女人是可以美的」的想法。

因為她不敢也不願意承認：她討厭你，同時又想變成你。

02

我們這一代，十八歲以下的女生是不可以有性別的。

從四、五歲到小學畢業，我一直是灰頭土臉的。大多數時候我剪著男生頭，因為容易打理。

國中時我還被我媽帶去大賣場買衣服。

我是沒有選擇買什麼衣服的權利的——那些又寬又大的廉價T恤，不會凸顯一點女生特質的牛仔褲，充斥著我的整個青春期。

印象最深的是國二那年，我在賣場鼓起勇氣，向我媽又哭又求地要了一件很好看的吊帶裙。第二天她要我穿著去上學，出門時我就後悔了。我敲門想回去換回平時穿的T恤，卻被她大罵著趕了出來，無助到在家門口號啕大哭。

為什麼？因為我害怕。

我怕別人的眼光，我怕自己的改變，我怕被人笑醜人多作怪，我怕自己一直以來壓抑著的愛美欲望被人看穿了。我從來都是假裝不在意外表，所以在被逼上梁山時越發忐忑和自卑。

在成年之前，很多父母都把女生愛漂亮視為原罪。他們習慣性地壓抑著女孩愛美的欲望，化妝就是出格，穿裙子就是不乖，換個髮型都是想談戀愛。

有些父母甚至到孩子上高中了都不讓女生打扮自己，上大學了也不讓女生談戀愛，畢業以後卻要求她們馬上結婚。

可是一個從小沒有性別意識，不懂發揮自己女性特質的女孩，該怎麼去戀愛呢？她若喜歡一個人，又拿什麼去吸引他呢？

在這樣的教育下長大的女生，都根深蒂固地覺得愛美是一件應該感到羞恥的事。她們排斥化妝，排斥打扮，不懂怎麼和男生交往，要花很長一段時間才能認同自己的女性身分。買衣服的時候拿了衣服就走，不敢在鏡子前試穿；衣櫃裡只有黑白灰三色，也不懂美白防曬；看見別人化妝變好看不是想著學習，而是攻擊和詆毀。

我覺得很悲哀。

我們每個人，在路上看到一朵好看的花都會心生喜愛、憐惜，為什麼讓自己的外表變得更美好，吸引別人取悅自己，反倒成了一種罪過呢？

03

不管在什麼年紀，愛美都沒有錯。

小時候偷穿母親的高跟鞋，你看著鏡子裡的自己，好像有了點大人的模樣。

長大一點偷偷塗口紅，塗出唇線的通紅嘴唇讓你第一次觸摸到了美的真諦。

開始學化妝了，慢慢有人稱讚你好看了，你昂首挺胸地走在街上，那是最自信也是最美好的你。

美麗從來都不是丟臉的事情。

後來我也懂得了，大街上那些顧盼生輝、膚白纖細的女孩平時付出了多少努力。剔透的膚色，需要嚴格的皮膚管理；完美的妝容，是經過無數次嘗試獲得的；凹凸有致的身材，是忍受了多少美食的誘惑，在健身房裡揮灑了多少汗水換來的。這些都是不管理自己外表的女生，根本想不到的東西。

感謝自己是個女孩，可以名正言順地化妝打扮。追逐美的事物，是人的本能；追求更美好的自己，也是每個人的權利。

修煉內在和修煉外在一樣重要，沒有誰高誰低。

你那麼好強，是在 cosplay 鋼鐵人嗎？

前幾天，我的信箱裡收到一封讀者的來信。經對方同意，我把郵件內容分享給大家。為了讓大家好懂，以下都為第一人稱。

鈴鐺，你好！我是個剛上大二的女生。最近有個問題讓我很困惑——上大學以後，寢室裡的三個女孩很快都有了男朋友。而我一直想脫單，卻至今單身。

她們三個，都是我平時瞧不起的類型：

A女，做作虛偽，平時大剌剌的，一跟男朋友打電話就嬌聲嬌氣，還喜歡裝清純裝可愛，明明私下也會聊男女之間的那些事，在男朋友面前卻是一副「人畜無害」的樣子。

B女，貪財拜金，男朋友逢年過節經常送她各種禮物，她都照收不誤。雖然她也會回禮，但是我爸媽從小教育我女生不能隨便收男生的東西。她不覺得這樣不好嗎？約會還經常讓男生花錢。

C女，濃妝豔抹，各種化妝品天天往臉上抹，拍照還喜歡修圖。我媽說了，只有長得醜的人才喜歡化妝。她卸了妝以後臉上確實有各種痘痘，還修圖，這不就是對別人的一種欺騙嗎？這麼喜歡取悅男生的女生，我是瞧不起的。

我不懂，為什麼她們這樣偏偏能找到男朋友，還能過得不錯。

而我獨立自主，不愛花男生的錢，也不怎麼化妝，打扮得乾乾淨淨的，卻沒有男生追。是不是越是像我這種堅強獨立的好女孩，越是找不到對象？

我看完沉默了幾秒，槽點太多我一時竟然不知道從哪吐起，只好深吸一口氣，問她要聽假話還是真話。

她說沒關係，你說吧。

我劈哩啪啦地打了一堆字：

假話，是你想得沒錯。她們都是撒嬌賣萌花男人錢的，只有你清純不做作。那些男生都看不到你的好。

實話呢，你堅強你獨立，你是追求男女平等的新時代女性。但在他們眼裡，你可能不像個女人，更像個哥兒們。

男生是不會跟哥兒們談戀愛的。那些非要把自己活成男人，還非要逼著人家也活成男人的女人，真的很不可愛。

姐姐，你是個女孩啊。你就那麼討厭自己的性別嗎？

你又不是要 cosplay 鋼鐵人。這麼好強，你不累嗎？

你也別有多麼看不起自己女孩的身分，因為女孩的優勢實在太多了！

我搖鈴鐺小葵花課堂，今天就跟大家講一講女孩的優勢有哪些。

1. 撒嬌示弱

很多女生覺得，撒嬌示弱很噁心，髒話橫飛才叫真性情，甚至以此來說那些會在男朋友面前撒嬌的女生：你怎麼這麼做作？

我倒想問問你們：難道你們從小到大，即使在父母面前也沒有撒過嬌嗎？你們怎麼不反省一下自己呢？

遇到喜歡的人，會包容自己的人，就是會不自覺地撒嬌啊。再剛強的女人，在戀人面前都想被舉高高被抱抱。這是真情流露，跟虛偽無關。

明明女孩的優勢之一就是撒嬌示弱。這一點男生還真做不了。

想想跟男朋友有爭執的時候，你像小狗一樣無辜的眼睛水汪汪的，再說句「對不起，我錯了……你別再凶我了……」，對方是不是一肚子脾氣全沒了？

甚至在遇到難題時，想請朋友幫忙，說一句懇求的軟話，比任何方式都有效——沒人喜歡命令和強勢，即使那個人是你媽。

能用撒嬌解決的問題，為什麼要硬邦邦地撒野呢？懂得運用女孩的武器，也是一種高情商的表現。

2. 享受男性的照顧

如今很多女孩刻意追求「平權」，希望男生覺得自己獨立自主不物質不拜金，所以次次買單，不讓男生請客，堅持費用平攤，從不接受男生的禮物。

她們經常說的一句話是：「一千元的口紅都要男生買？」

後來有人甚至升級到不讓男生搬重物，覺得這是在歧視女性，自己扛著飲用水桶健步如飛；自己修水管、修燈泡、修電腦，從不接受男生的示好和幫助，覺得接受男生的幫助是對自己堅強獨立人設的一種侮辱。

這是好女孩嗎？確實好。但是往往遇到小聰明假平權男人的，也是她們。

因為喜歡占便宜的男人，就喜歡你這種宣揚堅強獨立、男女平等的女生。多好，約你出來吃飯你結帳，哪裡有這種傻女生再來一打吧。

於是你就仰天長嘯了：為什麼好男人身邊都是別人，我偏偏遇到人渣啊？

我說單純是因為運氣你信嗎？

其實付出和接受別人的付出，都是一種幸福。關係是流動的，不管是男女相處，還是朋友交往，講究的都是禮尚往來。

我收你一個口紅，送你一個打火機。你請我吃頓飯，我請你看電影。一味索取才叫占便宜，你來我往是聰明。

為什麼越來越多的女孩想戀愛卻一直單身？你不給人家示好的機會，怎麼增進感情？

3.化妝打扮

不知道從什麼時候開始，在某些女生的圈子裡，素顏示人都是一種優越感了。好像化妝的女孩都很假，我素顏我不修邊幅我真實，你化妝你精心打扮你虛偽。

簡直是天大的誤會好嗎？如果可以的話，我真心希望每個女生都能學會化妝。

畢竟眼線筆能讓你的眼睛變得有神，睫毛膏能讓你的眼神更加生動，粉餅能讓你的膚色變得均勻白嫩，打亮和陰影能讓你整張臉變得十分立體。

也許這就是大街上帥哥比美女少的原因吧：女孩只要長得不太醜，五官端正，顏值多少能靠化妝提升三四分。而男生畫個眼線，就被人吐槽。

還記得大學時，我認識的一個男生因為包裡被人翻出ＢＢ霜，被嘲笑了好幾年。其實他也只是為了蓋住臉上的痘痘罷了。他又做錯了什麼？

當時我就意識到，化妝打扮是女生多大的性別優勢啊！男生不能化妝，不能買裙子，不能穿高跟鞋。

這麼美好的福利，為什麼要放棄和受到攻擊？

很多女孩活得太不像個女孩，卻覺得這是一件值得驕傲的事。

她們從不掉淚、從不軟弱、從不接受別人的幫助，甚至鄙視那些依賴男人的女人、愛撒嬌的女人、打扮自己的女人、會利用性別優勢的女人。

可是無論從生理上還是心理上，男女本就是不一樣的。正視男女的不同，在履行女性義務的同時，享受自己的性別福利，並給予正面的回饋。為什麼這是件壞事？

「獨立」二字和像個女生一樣地活著，並不衝突。

你可以自己賺錢買花戴，不代表你就要拒絕男生送的禮物。

你可以扛著桶裝水一口氣爬到七樓，不代表求助於男生就是做作。

非要男女之間萬事平等，是矯枉過正；還要以此評價和定義他人，是愚蠢、狹隘。

女孩真的是非常美好的生物。即使自己也是個女人，我也很喜歡那些會撒嬌、妝容精緻、溫柔可愛的女孩。

感謝上天讓我成為一個可愛的女人。我享受自己作為女人的一生。

活得像個女人，真的不丟臉。

八年感情於昨晚死去，死於六十萬聘金

她曾設想過一千種兩個人分開的原因。

設想的劇本大多狗血又曲折離奇：他愛上別人，她不孕不育，或者父母不同意，兩個人好不容易約好一起私奔，卻在出發的時候大吵一架，各自轉身回家。

她卻怎麼也沒想到，最終分手的理由會這麼俗氣：因為錢。

01

以倩和男朋友在一起了八年。

前面七年，兩人相處得很好。他們讀同一所大學，畢業後同居。男朋友寵她，她也懂事不做作。兩人幾乎不爭吵，性格、愛好各方面也都很契合。

在所有人包括以倩看來，結婚都已經是塵埃落定的事情了。於是他們順理成章地開始商量結婚事宜。

直到那天，雙方父母第一次見面。

一開始氣氛還蠻和諧的。酒足飯飽後，以倩母親直接進入正題：結婚可以，準備六十萬元聘金。

為什麼？

之前以倩去男朋友家，他父母就旁敲側擊：自己家經濟條件普通，買不起新房，也辦不起婚禮。以倩回去轉告，爸媽想了想，好，這些他們都可以包了，唯一的條件就是雙方父母各拿出六十萬，就當是小家庭的成家基金。

沒想到，男朋友的父母一聽反應激烈，像受了奇恥大辱：這個年代居然還有人要聘金？嫁女兒還是賣女兒呢？

他們還用同事的兒子來舉例：人家結婚女方一分沒要，還陪嫁幾百萬的房車。真感情怎麼能跟錢攪和在一起？

彼時，旁邊以倩的父母一直沉默，臉色鐵青。

而以倩坐在餐桌這邊，看著對面喋喋不休到口水四濺的男朋友的母親，像賣豬肉一樣因為聘金的問題跟她討價還價，油然生出一種困惑和羞辱。
這幾年對她無微不至的男朋友的母親，說把她當自己女兒一樣疼，不能委屈她的人，怎麼瞬間變了一副嘴臉？
還有那個平時信誓旦旦，說願意為她付出一切的男朋友，此刻一言不發，縮著腦袋，像隻鵪鶉。

02

回去後，因為以倩父母一直沒鬆口，男朋友的媽媽開始演了。
她在家一哭二鬧三上吊，嚷嚷著活不下去了，說原以為以倩的父母通情達理，沒想到這麼拜金。又不是家裡缺這點錢，憑什麼這麼為難我們？
男朋友的父親喝醉了酒，也在親戚面前抱怨：這女生都和我兒子在一起好幾年了，已經二十七歲了，分手就不值錢了，還以為自己是個鑲了金的公主！
以倩是怎麼知道這些話的呢？當然是透過男朋友的嘴。

乍看覺得蠻蠢的，後來她才想通：男朋友之所以傳話，並不是因為他情商有多低，而是因為他能透過傳達父母的惡劣言論來側面施壓，還能達到讓自己免責的目的。

可當時的她並沒有意識到這一層，只有滿心的對他父母的怨恨和無能為力。能怎麼辦？她愛他呀。

是啊，她愛他，所以不管男朋友的父母多奇葩，為了結婚她也只能隱忍。

於是在以倩的斡旋下，以倩的父母一退再退，聘金從六十萬變成三十六萬，最後變成只要結婚金飾。男方父母還是嫌貴。

不過經過這一番談判，男朋友的媽媽大概以為他們認了，再不降價，女兒真的要嫁不出去了。

於是男朋友的媽媽厚著臉皮大手一揮，要麼十萬，要麼一分沒有，不嫁拉倒。你家女兒年紀都不小了，還以為能賣得了多高的價！

這下捅了馬蜂窩。以倩眼前一陣黑，母親氣得說不出話，捂著心臟喊疼；父親大怒，怎麼也不同意他們結婚了。雙方父母吵架還動手推擠，男朋友抓起桌上的水杯，往牆上砸了個稀巴爛。

回家後，以倩把自己關起來哭了三天，滴水未進。

第四天，她心灰意冷，提出分手。

03

剛開始，男朋友一家並不相信以倩真的會這麼絕情。畢竟就像男朋友的爸爸說的，都二十七歲了，不嫁我兒子還能嫁誰？可是事實是，一週過去了，兩週過去了，又一個月過去了……以倩竟然真的再沒有聯繫過他。

男朋友坐不住了，托朋友去打聽。以倩居然開始在父母的安排下積極相親了，還認識了一個年薪百萬的工程師，兩人已經約會好幾次了。

這下，男方一家人徹底傻眼了。

男朋友打開聊天軟體準備傳訊息給她，卻發現自己已經被刪除了，打電話，發現自己也被列入了黑名單。他開始埋怨父母絕情，拉著他們慌慌張張地上門道歉。

可以倩已經鐵了心，躲在臥室裡，閉門不見。

不管男朋友在門外怎麼懇求，說給聘金，買金飾……她也不回頭了。

以前喜歡你，才覺得你光芒萬丈，這是因為有感情的濾鏡。現在分手了，你自己照照鏡子，看看自己到底是個什麼東西！

結局呢？

以倩並沒有嫁不出去。相反，她還很爭氣——不到一年的時間，就和那個相親的工程師訂了婚。

對方父母知書達理，主動提出婚前給一百萬聘金。但以倩父母拒絕了，還承諾到時候要給六十萬的嫁妝。

為什麼呢？用以倩父親的話來說，錢不是最重要的，錢只是用來在關鍵時刻檢驗人品和態度的工具。

畢竟大家談結婚都是要過一輩子的，都是獨生子女，現在的社會誰結婚是真的為了大賺一筆呢？

至於以倩的前男友，至今單身，相親很多次都沒成功。

畢竟人家一問，知道他家裡沒多少錢，他的父母都沒工作，也沒有能力買房子，就都打退堂鼓了，誰願意結了婚跟你喝西北風啊？

到那時，男生才明白一件事：原以為前女友拜金勢利，實際上她卻是自己能遇到的結婚對象裡條件最好、要求最低的。

可惜當時的他只看到自己要付出多少，卻沒看到以倩犧牲了多少。女生都是感性動物啊，因為愛你才不計較的。感情沒了，一切就都沒了。問題是當他想通了，一切也已經晚了。錯過就是錯過，後悔無及。

這個故事，是由我的一位讀者的親身經歷改編的。

她已經懷孕三個月了。據說前男友前段時間還在社交平台上不停地傳私訊騷擾她，知道她懷孕了才停手。

她對我說——

「以前我也覺得聘金是過時傳統，父母婚前談錢太現實。後來我才知道，他們只是為了幫我看清對方是否真的適合結婚，才願意出頭做這個惡人。

「婚前談錢，其實是一個衡量標準，不僅能篩選掉很大一部分只會出一張嘴，一涉及自身利益就翻臉的虛偽男，也能檢驗出很多根本沒有誠意，只想著坐享其成的摳門家庭。要警惕那些一提到錢就翻臉的男人，這種人又壞又自私。」

是啊，在聊到錢之前，什麼都是不算數的。談戀愛的時候大家都能展現出自己最好的一面，畢竟不面對現實的時候都可以風花雪月，真正涉及金錢利益的時候才能看出彼此到底是什麼嘴臉。

和男朋友平時相處得再甜蜜，一遇到利益問題，立刻就能檢驗出對方有多愛你；男方父母平日對你好，也不一定是因為喜歡你，不過是希望結婚時你能少點物質要求，最好能讓他們家多占點便宜。

說起來，錢真是個好東西。只有在錢面前，每個人才會露出自己的本來面目。一試便知。

04

婚姻面前，聘金只是兩個人要結婚時面臨的現實問題中很小的一部分，還有買房問題、裝潢問題。

不要以為避開金錢問題就會幸福了，就沒有爭執、就能終成眷屬了。事實是婚姻不是空中樓閣，總要面對現實。生活早晚教會你這一課，直到你通過考試為止。

別認為你的退讓會得到對方的感激，實際情況是，大部分的人，會把你的體諒當作他們的本事。

更有甚者，還因此默認你一輩子都該這樣委屈地過。

因為他們會覺得，以前談戀愛和結婚的時候你都那麼簡樸，也不愛錢，為什麼現在這麼現實？他們沒有想過生活要錢，養孩子要錢，做任何事情都要錢，娶老婆不是讓老婆跟著自己一起吃苦的。

他們只覺得你怎麼變了。

在目前的婚姻大環境下，我真的建議大家不要懷著聖母心找對象，結婚不是濟弱扶貧，心裡沒數的人也太多。

當然，如果對方真的是人品很好，那麼條件差一點也沒有關係，相愛的話大家一起奮鬥，總會有好日子過的。

前提是，擦亮眼睛看清人。

千萬不要只圖男生對你好

01

這幾天我聽朋友說了一個真實的故事。

朋友有個同學，這個同學的老公有一星期沒回家了。

某天朋友的這個同學在外面吃飯，剛好看見丈夫摟著一個濃妝豔抹的女人從窗外路過。她趕緊追出去，質問丈夫這女人是誰。

丈夫還沒說話，女人就示威似的回答：「我是他女朋友。」

她又急又氣，揮手就打了女人一巴掌，嘴裡罵著：「你知道他有老婆孩子嗎？你怎麼這麼不要臉！」說完她就開始拉扯女人的頭髮。

她聲音高亢，女人尖叫聲嘹亮，很快引來一堆路人圍觀。丈夫見丟臉丟大了，攔了半天攔不住，抬起手甩了她兩巴掌，還狠狠地踹了她幾腳！

動完手，丈夫摟著梨花帶雨的情人走了。她跌坐在地，撕心裂肺地大哭。

我想她應該是難過又心寒吧：以為會跟自己過一輩子的人，為了第三者竟然打自己。朋友知道以後，安慰她，說不值得為這種人傷心，擦乾眼淚回去收拾東西準備離婚吧。女人淚眼矇矓，神情恍惚：「他以前不是這樣，以前他對我很好……雖然窮，可是我不在乎。我賺錢養他，只要他對我好就好了。當初因為他一點存款都沒有，我跟家裡鬧翻了我們才結婚的。他現在怎麼能這麼對我？他肯定是被那個女人灌迷湯了！」

我在旁邊聽著，打了個寒顫。

因為對你好，你就不顧周圍人的反對和他結婚。可是他對你好，難道就不會對別人好嗎？那時候對你好，他就會一輩子都對你好嗎？

要知道這些好都是他賜給你的，而不是你擁有的。他不愛你了，隨時都能把對你的好收回去。而你那時候一定會崩潰，因為那個世界上曾經對自己最好的人，轉眼就屬於別人了。

人這輩子，變數最大的不是「我愛你」，而是「對你好」三個字。

很久以前，我在網路上看過一篇文章。

女生二十七歲，曾經歷過一段失敗的初戀，分手後消沉了大半年才遇到現在的男朋友。

兩人在一起五年，男生對她一直很好，善解人意，無微不至，甚至經常會親手幫她洗腳，可以說是把她當女兒寵了，唯一的缺點是兩人相處的時候男生有點小氣。

但女生覺得錢不重要，重要的是他對自己好。自己年紀也不小了，錯過一個對自己這麼好的男生，以後可能就再也遇不到了。於是兩個人商量著打算結婚。

沒想到，他們卻遭到了女方父母的反對。

原因是男方表示，自己家裡經濟狀況不太好，沒錢買房，現階段也根本沒能力辦婚禮，如果要結婚，婚禮只能由女方家裡包辦。

女生很愛他，說什麼也要和他在一起。奈何她的父母都很強勢，拉扯了很久兩人還是分開了。

女生很傷心，為什麼父母這麼捨不得錢？這麼庸俗勢利？

男生也很氣憤，這麼現實的家庭！都說莫欺少年窮，他們憑什麼看不起我？

我看完後一臉茫然，女生蠢也就算了，至於男生，明明是你自己小氣，怎麼還罵起她家人了？

如果你真的愛一個人，對她好，想要跟她結婚，給她一輩子的承諾，那你們在一起這幾年，你沒想過將來會結婚，自己要買房，也存不了一分錢？

03

所以我發現，大部分女生可能對「對你好」有點誤解。

女生們都覺得，追求階段在樓下等幾個小時，平時陪你看個電影逛逛街，對你無微不至、百依百順的，你就是撿到寶了。

要是他冬天還會幫你暖腳，夏天幫你搧扇子，半夜跑出去買宵夜，精心準備禮物送你，他簡直就是絕世好男人了。

可是真正的對你好，絕對不是也不只是這些。真正的對你好不只是眼前的開心，還有將來的幸福。

對你好，絕不是把你當大爺，而是用平等的態度，去尊重你、愛護你，因為這樣的感情才會平衡而長久；對你好，是用看得更遠的雙眼，去構建你們的未來，上進、奮鬥，不會心安理得地讓你跟他裸婚。

他知道結婚不是兩個人去登記那麼簡單。他知道父母都會擔心女兒受苦，會擺出讓你父母安心的條件：有容身之處，有養活孩子的經濟基礎，而不是一味地罵他們拜金勢利。

04

所以女孩，千萬不要只圖男生對你的好。

也許你覺得自己陪在一無所有的他身邊是因為真愛，但事實也許並不是這樣。

知乎網站的用戶「紫寶」說過一段話：

「那天我和女兒去餐廳吃飯，那家餐廳的茶一直都是免費的，這是大家都知道的。我們的鄰桌客人，服務生問他喝什麼，他答『茶』。因為當天餐廳有活動，豆漿和果汁也是免費的，服務生告訴他之後，他立刻就換了豆漿。」

他在意茶嗎？他在意的只是免費。

在愛情中，不要做別人的茶，在被自己的愛情感動之前，先看看對方究竟愛的是茶還是免費。

每次剪髮都是在賭博，而我從來沒贏過

如果這個世界上有時光機的話，我願意用半年壽命，交換時間倒流到昨晚九點鐘之前。

當時，我想像往常一樣，雲淡風輕地路過家樓下那家美髮店，什麼湯尼、凱文，都和我無緣。

想到這裡，我又一次握緊了我手裡的開山刀。仇恨蒙蔽了我的心智，我想你將永遠被寫在我死亡筆記的第一頁——11號。

其實，直到昨晚八點半為止，我都高高興興的。民族風連身裙，搭配上精緻的妝容，我就是整個城市最亮眼的時尚女孩。晚飯是朋友請的烤肉，我們酒足飯飽出來，站在門口我突然決定去我們家樓下的美髮店剪頭髮。

多年以後，我才知道那是影響了我命運的一個錯誤決定。

因為我拋棄了每次為我服務的2號技術總

監，選擇了嘴上無毛辦事不牢的11號。

過了一天我再回想起當時的心境，不得不承認，當時我的第一想法是省錢，畢竟11號的價格是技術總監的一半，而我是朋友圈裡出了名的「摳摳girl」。

第二個原因是我進店時，正在替客人剪髮的11號「邪魅狂狷」地對我笑了一下。那個笑容似乎預告著我會是他的下一個顧客。

所以我被他迷惑了！

閒話不表。洗完頭包著毛巾出來的我，直接在11號老師的身前落座。鏡子的對面，是我曾經滄海難為水的2號總監。我低著頭，極為心虛地躲避著他灼熱探尋的目光，因為我無力解釋我的絕情和移情別戀。

我只是極力平復著我的心情，壓低聲音對11號說了一句：「幫我修一下，髮尾剪齊就行了，不要太短。」

11號點點頭，表示了然於心。

我放心地靠在椅背上，接著他吹頭髮、剪頭髮。一番有模有樣的操作之下，11號看起來相當認真、專業。我也在心裡暗自得意，又省了幾百塊錢。

可好景不長，約三分鐘後，我發現事情有點不對——我的頭漸漸顯露出一顆高麗菜的形狀。

怎麼形容呢？那大概是一九九八年最流行的髮型。瀏海短到眉毛以上，襯得我的智商看起來都低了一大截。

我有點焦躁，但顧及自己是有身分有地位的人，還是強壓住心中的不快，好聲好氣地說了一句：「這髮尾往內捲，不是齊的吧？」

11號笑瞇瞇地說：「這怎麼不是齊的？很齊啊。」

那瞬間我幾乎被他真誠的表情打動了。但是我畢竟是個三十歲的成熟女人，不會再像十幾歲的小女孩一樣，輕信男人的謊言和把戲。

我看了看鏡子裡的我，還是決定相信自己的眼睛：「這明明不是齊的。」

聽到這句話，11號的臉抽搐了一下，他安撫我：「別急別急，我還要修。」

我點點頭，做了這輩子最讓我後悔的決定。

讓他修吧。

二十分鐘以後，我漸漸地坐不住了。我親眼見證我的頭髮從及肩到下巴再到耳下三公分。他跟全世界所有技術不佳的美髮設計師一樣，剪了左邊發現右邊長了，剪了右邊又發現左邊長了。

看著鏡子裡的我越來越奇怪，這個時候即使我再傻也看出來他剪壞了吧！此刻我的風度、我的身分、我的地位都被拋到九霄雲外了，我帶著哭腔說：「好醜。」

這時候我聽到對面2號總監那邊傳來噗哧一聲笑。

我想他是高興的吧：誰叫你不翻我的牌子，頭髮毀了吧！難過、憤怒夾雜著羞愧，情緒一股腦地湧上來，我的眼淚在眼睛裡打轉。

那個不要命的11號卻還在垂死掙扎，試圖洗腦我：「蠻好看的呀！還不錯！你怎麼了？看起來好像不太高興的樣子。」

我為什麼看起來不太高興你心裡沒有點自知之明嗎？

他繼續掙扎：「我覺得可以！時尚！今年最流行！」

與此同時，我的臉色就跟彩虹一樣，紅橙黃綠藍靛紫不斷變換。

他越說越心虛，看我似乎馬上就要炸成天邊的一朵煙花了，趕緊說一句「剪完了」就慌張地溜掉了。

我早已不知道我是怎麼結的帳，也不知道我是怎麼回的家。我腳步蹣跚地進屋，看到鏡子的那一剎那才彷彿從睡夢中醒了過來。我摸著自己光禿禿的後頸，心裡的委屈像煮滾的粥一樣沸騰了。我終於抑制不住內心的悲憤，號啕大哭。

11號，你這個渾蛋！你不是人！我要跟你同歸於盡！

朋友們，今天我是省下了幾百塊，但你們知道嗎？我失去的卻是整個人生！

有時候我真的覺得，這個世界對女孩充滿了惡意。比如我只想安安靜靜地剪個頭髮，卻遇到了這樣的困境和陷阱。

髮型對女孩有多重要，我家樓下的11號一定不知道。對我這種高髮際線的女孩來說，一個美麗的髮型就是我的命，就是我賴以生存的安全感，是無數個起風的日子裡，我策馬奔騰浪跡江湖的防身利器。

而這一切，都被那個心狠手辣的11號給毀了！

他根本沒意識到他做了什麼，在他看來他只是剪了個頭髮而已。可這改變了一個原本樂觀開朗的女孩的命運軌跡。

一個女孩搖鈴鐺，在鏡子前面失去了夢想。

所以，我從這段慘痛的經歷中得到了什麼樣的經驗教訓呢？

第一，千萬不要過於相信男人，特別是美髮店裡的男人。

他們自以為是，從來不懂什麼叫「修一下」。他們的畢生宗旨就是把你的頭髮剪得最短、染得最土、燙得最老，打得最薄。

就拿11號來說，他的危害有多大？如果按一天剪十個客人來算的話，他一年要糟蹋掉至少兩千個美麗的少女。朋友們，多少個日日夜夜，這些少女就在痛苦中煎熬你知道嗎？

第二，千萬不要盲目地想著省錢。

很多男生都不懂為什麼女孩的消費水準這麼高，口紅這麼貴，衣服這麼多，剪個頭髮就要一千塊。因為精緻女人大多是錢堆起來的。當你的全身都散發著鈔票的味道，你就是人群中最閃亮的白天鵝；而當你凡事只想著節儉持家時，你就是在泥濘裡打滾的醜小鴨。

所以在我選擇11號拋棄2號的那一刻，命運的齒輪就已停轉，我不再是當初那個人見人愛的精緻女孩了。而且盲目節省的下場就是花了更多的錢，我選擇11號雖然省下了幾百塊，卻要付出幾千塊的代價。

比如我今天早上就紅著眼睛在網拍上搜索下列關鍵字：「假髮、逼真」。

第三，對敵人仁慈，就是對自己殘忍。

昨晚我因為一時心軟，並沒有過度苛責11號，而是老老實實地付了錢。因為這顆短到像禿了的高麗菜頭，我哭了一整晚，差點就脫水了。一整個晚上仇恨都充斥著我的胸腔，我甚至趁夜深人靜坐電梯跑到了頂樓，在天臺上不斷地徘徊。

我看著下面的萬家燈火默默流淚，覺得人生已經沒什麼讓我留戀的地方了，可生命又如花般絢爛，我還沒有吃夠火鍋、麻辣燙、牛肉串……

我不知道我還要經歷多少個輾轉難眠的夜晚，和多少個照鏡子時瀕臨崩潰的早晨。

這一切都源於我的小氣、我的輕信、我的貪婪和我的無知。

為什麼女人死也不能省錢？因為一分錢一分貨。**生命不只要有長度，也要有寬度。為了我們的心理健康，我們一定要精緻地過完這一生。**

其實我蠻難過的。

每一次剪髮都是一次賭博，而我從來沒贏過。

在一起七年，男朋友娶了老闆的女兒

01

我的朋友圈裡，公認最有可能結婚的一對情侶，最近分手了。

女生直到分手都不知道自己為什麼會被甩。畢竟在一起幾年，男朋友幾乎沒挑過她任何毛病，還對她千依百順的，吃飯時替她剝蝦，喝湯時會幫她把湯吹涼，對她的小任性也一直無限包容。

所有人都說，男生很愛她。她也曾這麼覺得。

直到今年，眼看著同齡朋友都接二連三地結婚了，她的心也蠢蠢欲動。她和男朋友提了幾次，都被他敷衍過去了。他說現階段條件不夠好，還沒想過要結婚。

女生恃寵而驕，想著要以退為進，於是半是撒嬌半是威脅地說，如果再不結婚恐怕兩人就要分手了。

結果男生是怎麼回答的？他態度很乾脆地說：「好啊，那就分手吧！」

一開始女生還以為他在開玩笑，在一起這麼久了，怎麼會說分手就分手呢？可當他把東西搬出去以後她才真的傻眼了。男生絕情起來有多可怕呢？電話不接，訊息不回，道歉求饒也像丟石頭入水，激不起半點波瀾。

過了天昏地暗的一星期，形容憔悴的女生丟下尊嚴跑到他公司樓下求復合，卻看到他和一個女生有說有笑地並肩走出來。

那個女生是他老闆的女兒。

「回家以後我瘋了，我登錄了他所有的社交帳號，才知道分手的第三天，他就向老闆的女兒告白，還告訴他哥兒們，只有那個女生才能為他帶來工作上的幫助，而他和我，只是談談戀愛。他說他從來沒想過要和我結婚。」

世界上最殘忍的事情是什麼？

世界上最殘忍的事情莫過於你和他在一起幾年，一直以為他會是你攜手一生的人：你幻想過以後會跟他手牽手踏上紅毯，幻想過你們會有一間很大的房子，幻想過你們的孩子赤著腳跑來跑去，幻想過你們白髮蒼蒼了還顫巍巍地攙扶著彼此走完餘生。可到最後分手的時候你才明白，原來在他對未來的規劃裡，從始至終都沒有你。

因為你投胎沒別人厲害，你名下沒有三間房，你對他的工作毫無幫助，也不能讓他平步青雲。

他覺得你配不上他。

因為你家不夠有錢。

02

有些人會嚷嚷著如今的女人拜金勢利，要房要車，沒錢不嫁。好像女人更現實，已經成了真理。

可是這些喊口號的人根本不知道，男人現實起來能有多現實，女人感性起來會有多感性。

我身邊不止一個女生曾給未來的對象定下了無數標準：要身高一百八，家裡有兩間房，要研究所以上學歷。她們也不是沒有這樣的人追，可她們最終選擇的卻還是那個一窮二白，家裡連買房頭期款都湊不出來的男生。

為什麼？因為喜歡。

她們當中有的當了半輩子嬌生慣養的乖乖女，卻為了一個男生甘願和父母反目；有的一次次被傷害，卻還是痛苦地選擇了原諒對方甚至是結婚；還有的，為了愛情寧願被人說成是倒貼——房子是女方家裡買的，車子也是女方家裡提供的，生了孩子連尿布的費用都平攤，甚至另一半的工作都是岳父安排的。

女人現實嗎？我承認蠻現實的，不愛的時候女人比誰都現實。房子要四十坪以上，車子不能低於一百萬，男方頭不能禿，腿不能短，甚至連吃飯的姿態都有要求。她們對另一半的繁雜要求，簡直能寫出繞地球十圈的 Excel 表來。

可是女人一旦陷入愛裡了，就變得尤其感性。以後有多苦看不見，另一半人品有多爛也看不見。腦袋長在脖子上就是用來顯高的，直接讓你看見智商的下限。

唉！

在感情這件事上，男人和女人有什麼不同？

很多女人的現實都在嘴上，而許多男人的現實都在心裡。

他們認為結婚和戀愛不一樣，戀愛時女生多任性多驕縱家庭關係多複雜都沒關係，十指不沾陽春水也行。但結婚就不同了，女方要會做家務，長得要好看，還能賺錢，最好家裡還能給自己一點事業上的幫助。

這些他們會告訴你嗎？不會。他們只會在心裡暗暗地打好算盤，借用你這幾年的青春，然後遺憾地告訴你，他暫時沒有打算結婚。

大家總說女人拜金、現實。其實在我看來，大部分女孩真正喜歡一個人的時候，是既瞎又聾的。即使對方窮得叮噹響，只要對自己好，她都能陪著對方熬苦日子；即使對方缺點一堆，她也大多可以容忍。

要求一降再降，底線一退再退。她頂多嘴上挑三揀四，卻從未想過分手。

但有些男生呢？他們再喜歡一個女孩，心裡也很清楚，知道彼此不會有未來，所以即使有不滿忍忍就好了，拖著也沒關係，反正自己也沒有更合適的對象。

「反正我跟她將來也不會結婚。」

所以有些女人是真的傻啊，就那麼赤裸裸地把所有現實條件都擺上檯面，然後被人抓了小辮子，釘在現實、勢利的恥辱柱上。

不過是不想大著肚子被房東趕出去，不過是想要一輛能接孩子放學的車，即使一起付頭期款一起還房貸也好，卻活生生地被人解讀成拜金。

你說，你蠢不蠢？

04

所以，為什麼到了結婚的年紀，你的男朋友卻還不想結婚？

除了少數是真的想奮鬥，給你更好的未來，其他的僅僅是不想跟你結婚罷了，因為他覺得你配不上他。

為什麼明明是你為了他這裡省那裡省的，偶爾要他給你買個禮物，請你吃個飯，他都會說你拜金？

因為他們要用指責你拜金來掩蓋他們的勢利。他們不願意付出，是因為你長得不好看家裡不夠有錢，不值得他投入。

為什麼有些男生動不動就說，還是學生時代的感情純粹，走上社會以後女人就越來越現實了？

因為學生時代的女孩都天真又感性，一份宵夜就能打發。他們就希望所有的女生都不在乎物質只在乎感情，這樣才更容易被他們控制。

這就是鈴鐺想告訴女生們的事：在愛情裡，男人通常比女人更現實。

女人會在愛情中失去智商，但男人不會，他們永遠保持理性。

所以你可以愛一個人，卻不能完全依賴和無條件信任一個人，不要矇著眼睛一路走下去，最忌諱的是失去自己——因為任何關係都不是完全可靠的，只有「我」才是永恆的。

睜大眼睛看看，你所選擇的這個男生，真的可以和你共度一生嗎？

你可以什麼都不要，但前提是他值得。

想毀掉一個男人，就把他變成丈夫

「真的要離婚嗎？」

「是的。」

「以後也不會後悔嗎？」

「不後悔。」

小米曾經設想過一萬次婚姻破裂的場景，卻從來沒想過自己會像此刻一樣平靜。

沒有灑狗血的情節，沒有哭哭啼啼的畫面，只有冷靜，像普普通通買東西結帳一樣的冷靜。

輪到他們的時候，丈夫用乞求的眼神看了她一眼。小米迎著他的目光沒有絲毫的躲閃。如果這時候有觀眾，她看起來一定殘忍得像個局外人。

只是在那一瞬間，她覺得自己越來越輕，像樹葉飄過波瀾不驚的湖面，不被察覺地撫摸了一下湖心。

胸腔裡面轟然作響。

小米清晰地聽到，那是什麼東西被碾碎的聲音。

01

丈夫是小米的初戀。

其實在他之前，小米也談過幾次戀愛，但是她一直固執地認為他是她的第一個男朋友。

「不是說真正愛過才叫戀愛嗎？雖然這聽起來有點愚蠢。」

每次小米這麼對他嚴正聲明時，他總會摸摸她的頭，咧起嘴角說：「你也是我的第一隻小狗。」

「是的，他總叫我小狗。他以為這是對我的愛稱。但他不知道，我確實是隻狗。」

國一那年，小米爸爸出軌了，堅決向小米媽媽提了離婚。從媽媽拉著小米一起給他下跪，讓他不要拋棄她們的那一刻開始，小米就一直活得像一隻搖尾乞憐的狗。

小米內心從不相信婚姻。

所以在決定嫁給他之前，小米經歷了很長一段時間的掙扎。她在猶豫。

把這個男人毀掉，讓他變成丈夫，值得嗎？

他原本可以去愛很多人。我們都有更多的選擇。但從今以後他只能愛我，起碼在檯面上只能愛我。如果不一輩子捆在一起，他也許能在我的記憶中保留浪漫多情和有趣的樣子。但今後他會變得肥胖而庸俗，我們被迫分享彼此最真實、醜陋的那一面。

我們將看見對方上廁所不拉門的樣子，睡覺打呼姿勢七仰八叉的樣子，鼻毛從鼻孔露出來的樣子，大腹便便失去所有荷爾蒙的樣子，為了賺錢變得庸俗的樣子，頻繁爭吵卻為了孩子而無法離婚時面目猙獰的樣子。

小米打了一個寒顫，這些事想起來就很殘酷。

但是她可以接受分手嗎？她不能。

占有欲告訴她，防止失去的唯一辦法就是囚禁。

婚姻只是一種「軟禁」的手段而已。

好不容易找到人收留，她不想再做那隻雨夜裡被淋得濕透，追著拋棄自己的主人的車尾燈狂奔的流浪狗。

拋物線走到最高點，也不知道自己下一秒會往下掉。

結婚以後，小米和丈夫大概過了五六年美好的日子。

她很享受他們只看著彼此的時光。

每天早上一醒來，他的呼吸熱熱地噴在小米的臉上，小米睜開眼就能和他對視。

他們一起去很多很多的地方旅行，拍下能貼滿家裡所有空白位置的照片。

小米試圖變成一個真正的妻子，但由於理論總是大於實踐，導致她多次把鍋子燒壞。

他們很多次聊天聊到深夜，中間險些睡著好多次，但還是強撐著直到窗外泛起魚肚白。

印象最深刻的是有一次她和丈夫去爬山，突然吵得很凶。路過一個小山坡時，小米撂狠話，你肯定一點也不愛我，不然你為什麼永遠不肯先低頭。

他氣瘋了，說我不愛你為什麼跟你結婚。

「那你證明給我看啊，從這裡跳下去。」

他想都沒想立刻縱身一躍。

小米嚇壞了，連滾帶爬地撲下去，他抱著腿在那打滾。骨頭白森森地從皮肉裡戳出一截，尖銳得像他表達愛的態度。

救護車來了，醫生抬出一個擔架。他躺在上面，滿頭大汗地給小米比了個「V」。

小米看著他又哭又笑：「你怎麼這麼傻？」

他擠了個比哭都難看的笑容。「我也沒辦法，你總不能冤枉人啊！」

03

很多時候，我們也不知道事情是從什麼時候開始變化的。

比如，是不是什麼感情都逃不過十年魔咒？

在他父母一波又一波的電話催生下，小米懷孕了。懷孕期間他對小米很好。她滿心歡喜地以為那是他們新生活的開始，卻沒想到那是某種倒數計時。

生下寶寶以後，公婆非要過來幫忙。小米媽來看了看，住不下，就走了。從沒有跟公婆相處過的焦慮、徹夜照顧孩子的辛苦和產後荷爾蒙的影響，讓小米的脾氣變得很古怪，她很沒有安全感。

他們開始頻繁地爭吵。

大概為了躲避壓抑的環境，丈夫一直加班，回家的時間越來越晚，擁抱越來越敷衍直到沒有。兩個人十天半個月說不上兩句話，他寧願躲在房裡玩電腦也不看小米一眼，更不可能幫忙帶孩子。

已經不記得上次一起出門是什麼時候的事了，兩人迫不得已的交流只有水電費又欠繳了，牙膏用完了，今天的菜太鹹了。

枕邊的溫度也消失了，他總是趕在她醒來之前出門。

不知道他是真的忙碌還是刻意地避開。

小米冷漠地看著這一切，就像看著他發動了車，把一條髒兮兮的毛毯扔到後座，然後引誘車後的小狗坐上來，再把小狗和毛毯一起丟到幾萬公尺外的荒野。

「我知道，我就是那隻小狗，那隻什麼都明白還是坐上了車的小狗。」

04

離婚不需要挑日子。

那就是一個普普通通的早晨，小米出差了一週之後回家的早晨。

她像往常一樣睜眼，摸了摸旁邊被子上的餘溫，發了訊息給丈夫。

「我要離婚。」

「你又發什麼瘋？」

「我不想跟你過下去了。我是說真的。我不想一眼就能看見自己的未來，連正常的情感需求都被當作矯情，不被理解，不被接納，沒有溝通，這麼窒息的婚姻我不想要。」

「窒息？有房有車，有錢有閒，什麼都有，你還有什麼不滿意的？平白無故找架吵？」

小米苦笑了一下。

「是啊，我找架吵。你沒有發現最近我們連架都沒機會吵了嗎？」

「你總說我有什麼不滿意的，過日子需要那麼奢侈嗎？在你眼中，是不是我想要過得更好，就是不自量力？」

「我忍了很久了。我真的想告訴你，即使下半輩子都是一個人，即使全世界所有的婚姻走到最後都枯燥得大同小異，我也無法忍受沒有愛和溫情的人生。所以我要離婚，現在就離，馬上就離。你跟老闆請假，我一秒也等不了了。我不是在跟你開玩笑。」

她頓了頓：「你知道我從不開玩笑。」

放下手機，小米發了陣呆。

「其實我是真的想過跟他過一輩子的。我幻想過，自己會成為一個年輕時太愛吃所以老了繼承了三層肚子的奶奶，他會成為一個脾氣很壞但走路的時候還是會牽著我的手的老頭。因為他怕我骨質疏鬆一不小心把腿摔斷了。

「我們一起在家門口坐著搖椅曬太陽，回憶他年輕的時候有多傻，居然為了證明他愛我而從山坡上跳下去，結果摔斷了腿。

「但是我忽略了，人是會變的。以前，對他來說我比全世界重要，現在，全世界才是優先順序。為什麼我要這麼苛刻呢？我到底在要求什麼？衣食無憂的婚姻難道還不夠嗎？他是大家公認的好丈夫，只是我們無話可說罷了。他就真的那麼不可原諒嗎？」

是的，她就是這麼想的。

要是沒吃過鬆軟可口的麵包，她也能一輩子啃又冷又硬的饅頭。

小米把這樣一段長長的話發給閨密，算是給了這段婚姻一個正式的註解。

接著小米把那根足足有一公尺長的棕色捲髮從床上小心翼翼地捻起來，凝視了一下，扔進了垃圾桶。

最後她拿起梳子，對著鏡子慢慢地梳起她的紅色短髮。

她要做先發動車的主人。

她再也不想做那隻等在原地，時刻擔心被拋棄的小狗了。

急著結婚，可能是因爲窮

最先感覺到三十歲的，也許不是我們的身體，也不是精神，而是物質。比起情感上的不安，物質上的困頓才時時刻刻勒著你的脖子。沒有二十歲的肆意灑脫，沒有四十歲的雲淡風輕，三十，想要的是更好的生活。

人人都想要更好的生活。但只有先把一個人的日子過明白了，才知道自己需要怎樣的另一個人。

——《三十而已》

01

「我要結婚。」

這個念頭，是芸芸過了三十歲生日以後，突然冒出來的。

二十多歲的時候，她想都沒想過結婚這回事。那時候周圍幾個朋友都談婚論嫁了。她嗤之以鼻地看著她們，心想她們真傻。這麼早結婚？單身哪裡不好了？明明單身的人比已婚的人活得更輕鬆，也更自由。想怎麼吃喝玩樂，都沒人管。想跟誰曖昧就跟誰曖昧，不用照顧任何人的感受。沒存款也沒關係，月光族也只需要為自己負責。

直到芸芸滿三十歲的那個晚上，她打電話給兩個閨密，想叫她們陪自己切蛋糕慶生。結果一個閨密說自己在跟老公約會，另一個閨密說自己在帶孩子睡覺。

芸芸掛斷了電話，打開蛋糕包裝，用手抓了一塊蛋糕吃掉，心裡突然跟打鼓一樣十分恐慌，覺得自己好像處在被全世界拋棄的前夕。

是的，三十歲是個坎。

很多女孩在三十歲之前，人生清單的選項裡很高的機率沒有結婚這一項，一過三十歲，焦慮感就深深地扼住了她們的咽喉。

那天以後，也不知道被刺激到了哪根筋，芸芸開始積極地相親，可惜過程並不順利。

同事、朋友介紹的相親對象，有的明裡暗裡地嫌棄她薪資太低，有的嫌棄她不是大城市出身，有的回去跟介紹人抱怨，說她吃完飯坐在那等著結帳，感覺不是很體貼。

其實芸芸也猶豫過要不要搶著買單，但一想到如果每見一個人都要裝大方，那自己在找到男朋友之前就餓死了，也就沒有逞強了。

那天她和朋友透過電話聊天，說著說著就抱怨起來：「現在的男人這麼現實嗎？一見面就談經濟條件，難道是想吃我的軟飯？我會不會以後都沒法脫單了？」

朋友沒有正面回答她的問題，只是問她：「你為什麼突然想結婚了呢？爸媽在催嗎？」

芸芸想了想：「也沒什麼具體的理由，大概是孤獨吧，因為周圍的人都結婚了。」

但她其實口是心非。

她當時心裡想的，並不是這個答案，而是每次在社交平台上滑到的已婚朋友們分享的昂貴禮物、可愛孩子；平時聊到她還沒男朋友，公司裡結了婚的女同事有意無意對她展示出的優越感；存摺上並沒有隨著年齡而增加，反而一直按兵不動的可憐數字。

她想結婚，是因為她感覺自己對目前的生活逐漸失去了掌控。

朋友說，她月薪兩萬五的鄰居經常唸著要結婚。

大概那是她所能想到的最快過上好日子的方法。

她抱怨自己單身沒有人送名牌包；抱怨每天上班都要坐公車；抱怨租屋處太小，自己應該結了婚住有更衣室的大房子；抱怨同事太傻，想有老公支持自己「裸辭」。

為此她去了很多的相親場合，交了很多的相親會員費，卻一直無人問津。

她的標準降了又降，從年薪五百萬到年薪兩百五十萬，再到年薪一百五十萬。當那個一百五十萬年薪的工程師真的坐在她的對面時，她把手機放在桌子底下傳訊息給朋友：「不行，我還是沒辦法將就。快打電話給我，我好找理由走！」

最後她才意識到，自己急著結婚是因為窮。

因為窮，她才會每天因為單身而焦慮，想著東邊不亮西邊亮，瘋狂地想靠婚姻挽回一點人生的尊嚴。

可是女孩，如果你連養活自己的能力都沒有，想的只是靠著結婚吃口飽飯，真正的有錢人又怎麼能看得上你？

現在的感情都講究門當戶對，誰又願意被人一直占便宜呢？

我其實不是太喜歡講殘酷的故事，除非擔心年輕女孩做夢，混淆了生活的本質。有些人會覺得，事業發展不好就算了嘛，生活過得一塌糊塗也沒關係，大不了找個人嫁了。

都想避風誰當港？

小時候你可以做做白馬王子來拯救自己的夢，長大以後你會發現，白馬王子看到你手無寸鐵根本不會來，因為救了你毫無價值。

成年人沒有幼稚的資格。成長本身就是抽筋剝皮、斷骨增高的過程，如果你拒絕面對人生的殘酷本質，那它一定會一次又一次地給你上課，直到你有勇氣直面它。

所以，如果沒有愛情和家庭，你一定要努力地賺錢，就像電視劇《三十而已》裡說的，只有先把一個人的日子過明白了，你才知道自己需要怎樣的另一個人。

最可怕的，莫過於當你二十歲時，你以為自己無能和一無所有是因為還年輕。到了三十歲、四十歲、五十歲，你才意識到事實並非如此時，也已經沒辦法再拿年紀來騙自己了。

那時候女人們面對的，才是真正殘酷的人生。

Part 3

如果運氣不好，那就試試勇氣

工作十年，捨不得手遊課金

「五歲時，媽媽告訴我，人生的關鍵在於快樂。上學後，人們問我長大了要做什麼？我說快樂。」「他們說我沒聽懂問題，我說他們不懂人生。」

——約翰．藍儂

01

前段時間，為了紓解帶小孩的壓力，我們跟幾個朋友建了個遊戲群組。

一起組隊掉了幾顆星後，一個哥們突然在群組裡說，自己好想買一個項羽的造型，但是捨不得花錢。

他是誰？

他是彥祖高中時關係最好的朋友，也是身邊

所有人眼裡「最有出息的孩子」。

他背井離鄉，在大城市飄蕩十幾年，從頂尖學府研究所畢業後，直接進了公家機關工作。他三年內傾盡所有在大城市買了房，目前是一名仕途順遂的公務員。

聽起來很光鮮對吧？

可只有最親近的朋友才知道，他的生活就是每天襯衫皮鞋，穿梭在天剛亮時的地鐵和華燈初上時的街上。

很多次我們都勸他回來。

何必呢？在外面那麼辛苦，不如賣了房子回老家，平時準時下班，週末聚餐，還坐擁千萬存款。

他聽了，每次都笑一笑，嘆口氣，說總有一天會出人頭地。

可似乎直到今天，他才突然發現，自己奮鬥了這麼久，為了工作拋棄了生活，最後連想要個造型都捨不得花錢。

彥祖對我嘆口氣，說他以前不是這樣的。

「那時候的他，只有幾千塊生活費，卻可以吃整整一個月的醬油拌飯，為的是買到喜歡的ＣＤ和雜誌。現在他三十歲了，好不容易有錢了，想課個金花幾百元買個開心，居然都要猶豫半天。」

說起來很奇怪吧？

人總是在一無所有的時候，為了喜歡的東西傾盡全力。

什麼都有了，人反而畏首畏尾的了。

02

不知道現在的年輕人都是如何生活的。

但我們三十、四十歲的人當中，很多人似乎都特別節儉，好像窮慣了，老是在計算消費划不划算；苦慣了，也忘記怎麼去生活了。

只有在一日三餐上花的錢才算該花的錢，存下來的每一分都是為了還房貸車貸。

我們甚至捨得花五千多請朋友吃飯，卻捨不得買幾百元的造型給自己。

我想起之前跟朋友聚餐。

酒過三巡的深夜，一個男生朋友才背著包包風塵僕僕地過來，坐下吃了幾口殘羹剩菜，就舉著杯子說自己加班遲到了，要跟所有人敬酒賠罪。

沒半個小時，他喝醉了，開始對著每個人傻笑，笑著笑著，眼圈居然紅了。

他開始喋喋不休，說他身體不好的爸爸，胡亂花錢的媽媽，逼著他買房不然不結婚的女朋友，他為了存錢好幾年都沒有買一件新襯衫。

我坐在他旁邊，看著他身上那件穿得發白的T恤沉默了。

他最後拉著我的手臂，左搖右晃地對我說，我覺得自己好像一頭耕田的牛啊。

我呆呆地看著他，突然想起王小波《黃金時代》裡的那段話。

「那一天我二十一歲，在我一生的黃金時代。我有好多奢望。我想愛，想吃，還想在一瞬間變成天上半明半暗的雲。後來我才知道，生活就是個緩慢受錘的過程，人一天天老下去，奢望也一天天消失，最後變得像挨了錘的牛一樣。可是我過二十一歲生日時沒有預見到這一點。

「我覺得自己會永遠生猛下去，什麼也捶不了我。」

牛是怎麼活著的呢？你身後是鞭子，你習慣了忍受，你低著頭犁田，能看到的只有腳下的泥。

沒人問你累不累，你也不會停下來休息一下。

因為你只是一頭牛，一頭為了一口飯苟活著的牛。

03

人為什麼越大越難開心了？

我以前想過這個問題。

可能是因為不知道從什麼時候開始，我們好像總是在為別人而活吧。

努力讀書工作，是為了不讓父母失望；努力經營戀情，是為了滿足另一半的期待；努力對別人好，是為了被人喜歡。

你有沒有在哪一刻關心過自己想要什麼？

你畢業後勉勉強強地買房，再勉勉強強地結婚。你送生日禮物給父母，為另一半準備燭光晚餐。你買昂貴的四驅車給孩子，經常請朋友吃飯。

你卻捨不得給自己一份幾百塊錢的快樂。

人生到底在圖什麼？

我勸那哥兒們買造型的時候，他回了一句：「大學存了四年錢買的 Gibson 吉他，後來我再也沒彈過。」

我反問他：「但是買的時候你是不是很開心？那就值得了。」

是啊，幾百塊錢而已。**快樂這麼廉價，為什麼不去擁有它？學會花錢的過程，實際上也是享受生活的過程啊。**

04

我知道。

夏天僅僅喝水就可以解渴。

但是走了好久的路大汗淋漓的時候，買一罐三十元的橘子汽水，讓冰涼的液體通過喉嚨，再打個悠長的嗝，會不會覺得心情瞬間好了很多？

冬天只是一日三餐就能吃飽。

但是在寒風呼嘯的夜裡，你剛剛下晚班，瑟瑟發抖的你在路邊等車的時候，順便買了一個熱氣騰騰的烤地瓜。你雙手捧著地瓜感覺渾身很快就回暖了，你小心翼翼地剝皮，咬了一口，是小時候的味道。

這個時候，你會想到這筆消費不划算嗎？

人越成長，好像擁有什麼的欲望就越稀薄。小時候手裡抓著二十元，每天雀躍地想著要去雜貨店買點什麼；長大後銀行帳戶裡有多少萬，卻沒了以前簡單的快樂。

幾百元的造型確實不便宜。但是你想一想，比起小時候省吃儉用一學期買的心愛的玩具，它又算什麼呢？

只要金額沒有大到影響生活，你為什麼不花錢去買開心呢？

好像人越長大，越失去了追求快樂的能力。小時候，買到心愛的東西就意味著快樂，無論是五元的泡泡糖，還是兩百元的芭比娃娃，或者是一千元的遊戲機。錢拿在手裡，就意味著快樂的量化。

長大了，自己能賺錢了，錢卻慢慢變成一堆數字，房貸上的數字，人情往來的數字，學費的數字，生活費的數字，醫藥費的數字，唯獨缺少了那一點點讓自己快樂的數字。

延遲快樂確實可能會更快樂。但是太晚來的快樂，你真的確定它還是一樣的快樂嗎？

八歲的洋娃娃，十八歲的連身裙，二十八歲的旅行，和朋友打遊戲的造型。當下的快樂，有能力就抓住。

我知道成年人的生活都很艱難，可是再難，你也要記得對自己好一點。

人生只有一次。

不要忘了，你也曾經是個需要被寵愛的孩子啊。

變得不好惹以後，我的生活好過多了

01

前幾天，朋友被氣炸了。

起因是她在某軟體上訂了三天份的代餐果汁，說好早上九點送到，那天接到快遞員的電話，卻提早到了半個小時。

朋友無奈地說：「我還堵在路上，大概十五分鐘後才到公司。」

快遞員和她商量：「要不然你先提前確認收貨吧，我們晚確認會被罰錢的，確認好了，我在停車場等你怎麼樣？」

朋友心裡閃過一秒的猶豫，轉念一想又覺得羞愧，天氣這麼冷，人家跑來跑去這麼辛苦，提前確認也沒什麼關係吧。

她就按下確認收貨了。

上午八點五十分，朋友終於趕到公司了。她在停車場來回轉了好幾圈都沒看見人，就打快遞員的電話。

電話沒人接。

朋友急了，之後又連打了十幾通電話！停車場很冷，她在寒風中瑟瑟發抖地站了半個小時都聯繫不上對方。

她這才突然醒悟，我是不是被封鎖了？她換了支手機再撥過去。

那邊很快接了。

朋友氣得渾身發抖，對著電話那邊吼道：「你去哪了？我的代餐果汁呢？」

快遞員愣了愣才反應過來，下一秒回答得理直氣壯：「我還有單要送，你一直不來，我已經走了。」

她簡直不敢相信自己的耳朵。「不是說好了我先確認收貨，你等我的嗎？你信不信我投訴你？」

那邊笑了兩聲道：「那你投訴吧。」然後掛了電話。

餓了一早上肚子的她立刻打了官方客服電話。對方不受理。為什麼？

理由是你已經確認收貨了！

你能想像這種心情嗎？

高高興興地上班，想著馬上就能吃到早餐了。快遞員打電話給你，氣喘吁吁、可憐兮兮的。你想到今天這麼冷，誰工作都不容易，就心軟了，給他行了個方便。你也不圖他有多感激你，你想著自己不餓肚子就行。

可當好人的後果是什麼呢？是凍了半小時，餓了一早上，外加吞下一肚子的氣！

多麼諷刺，我體諒你，你卻把我當成傻子！

02

聽完朋友的故事，我突然聯想起這幾個月請保潔阿姨的經歷。

我們家從沒請過人，因為不太習慣被人伺候，更別提對方是跟我們父母差不多的年紀，所以每個阿姨剛來的時候，我們都對她非常客氣。

自己下廚做飯給她們吃，不敢隨意使喚她們，有時間就讓她們多休息，生怕觸動了她們敏感的神經。

我想著做人就是真心換真心，結果呢？

連換了兩個阿姨，一個根本不做家事，孩子哭了也不去抱；一個因為私事頻繁請假，出門還隨手拿走家裡的現金。

阿姨最後一次請假，是彥祖和爸媽去喝喜酒的時候，中午阿姨說了一聲就走，也沒提要離開多久。我又要寫稿，又要帶小孩，偏偏那天我腰痛得根本直不起身來。

直到晚上七點多，她才慢悠悠地進門。一向好脾氣的彥祖大發雷霆，怎麼也不願意再留下她。

明明看起來都是很不錯的人啊，為什麼一工作就變成這樣了？

後來我也反省過自己，得出一個結論：可能是因為我們太好說話了。

孩子哭了阿姨動也不動，我們想著大家都是人，是人就要吃飯，沒必要吃飯的時候使喚別人，於是站起來，自己去哄。

之後孩子就算哭得地動山搖，阿姨也端著碗吃飯巋然不動。

阿姨因為私事請假，請我們不要告訴公司。我們想著人家也有自己的生活，有急事要體諒，所以明明自己也有事要忙也都沒說。

於是她五天請假四次，還直接從我臥室裡拿了零錢去坐公車。

怎麼說呢？大部分人對服務行業都有一種同理心。因為這一行非常辛苦，尤其是需要寄人籬下或者出賣苦力的。

所以本著出來工作不容易的想法，我們能自己做的都自己做了。

我們換來的是什麼呢？阿姨一邊稱讚我們人真好，一邊乾脆什麼也不做了，每天就抱著孩子看我們拖地。

我真的不想爆粗口，也真的想哭。那段時間我甚至覺得自己都有點產後憂鬱了。為什麼我花了錢還要受氣？

之後再換新阿姨，她來的第一天，我就板著臉和她列清楚家裡每天要做的事情，沒有笑臉，不溫柔，不再閒話家常，像個冷血的壞蛋。

到底是誰把我變成這副鬼德行的？

03

所有人都對我們說，做服務業的都很辛苦，要多體諒。

曾經我深以為然。

所以等外送，說要提前一點送達就答應了，因為外送員都很辛苦。

收快遞，怕他上樓麻煩主動請他放警衛室，因為快遞員也蠻累的。

請保潔阿姨，看她這麼大年紀了替她倒水又塞零食，還讓她工作中間休息一下。

後來我卻發現，不是每個人都值得我體諒的。

說要提前送達的外送員，過了半個多小時還沒來。我餓到低血糖客訴了他，他居然打電話來罵我。

我經常自己去警衛室拿包裹怕麻煩到送貨員，某天我買了個大物品自己搬不上來，請他幫忙，他很不耐煩地對我說沒時間。

我對保潔阿姨和和氣氣的，她平時三個小時能做完的工作用了快五個小時。加完錢送出了門我回頭一看，臥室的角落都是灰塵，桌子都沒擦乾淨。

被坑了幾次，我就一律照規矩辦事了。如果你尊重工作，我也會尊重你。如果你看我好說話欺負我，我一定一巴掌甩回去。

奇怪的是，當我開始不體諒他們的時候，他們反而來體諒我了。

很心寒，也很諷刺。

誰天生想當個不通情理、不好說話的人呢？

問題是當你是個好人的時候，你只能得到好人的稱號、讓人心情不佳的態度和一堆很爛的服務。

當你變得不好惹了，全世界反而都來關心你的感受了。

04

後來我發現，人的覺悟真不一樣，這跟學歷、家境、經濟狀況都無關。

有種人他們的共同點是你對他好，他就覺得能從你身上占到便宜；你體諒他，他就覺得你好應付。

面對這種人怎麼辦？你只要明白四點就夠了。

第一，請人辦事，可以生活上體貼，絕不能工作上寬容。

服務業跟其他行業一樣，都只是一份工作而已，做這行的人並沒有低人一等。我們給錢，他們出力，各取所需，沒有誰高誰低。

不然你問問自己：

你是老闆，你會讓員工在工作上得過且過嗎？員工會因此感激你，並努力創造業績嗎？

你是老師，你會要求學生考六十分就滿意嗎？學生會因此被打動，好好讀書力求報答你嗎？

不會。外送員、快遞員、保潔阿姨……服務業也一樣。

不要把他們當成弱勢群體。如果把廉價的同情和愚蠢的寬容四處散播，這才是對他們不公平。因為你潛意識裡就沒把他們當成和我們一樣的人，而是把他們看作弱者。

第二，不需要和提供服務的人做朋友。

靈魂是平等的，行為卻不能平等，強行平等意味著對方會索取得更多，對你的期待也會變得更多。

和服務人員做朋友只有一個後果，那就是當他們工作沒做好時，你根本不好意思開口。開口了你反而遭忌恨，因為在他的心裡你們是朋友，你已經失去了批評他的資格。

第三，沒有底線的「好說話」，是軟弱的代名詞。

人和人是不同的。你對別人掏心掏肺，只能證明你有涵養，但不代表你能得到同等的回報。

第四，不要輕易原諒。

你原諒了一次，他就會去坑更多的人；你讓他長了一次教訓，他就會知道社會不好混。

不要總想著算了，盼望著別人幫你教育他們，因為別人也是這麼想的。

明明是自己的家，卻活得好像寄人籬下

01

前兩年，朋友小周在大城市貸款買了一間二十坪的房子。

房子買得很吃力，光頭期款就花掉了他工作多年的全部積蓄，每月還貸後收入也所剩無幾。

在大城市紮根，是一件值得驕傲的大事。為此，他父母在老家四處吹噓，要親朋好友去大城市玩的時候住他家。

小周原本沒把這事放心上，可親戚朋友們明顯當真了。從那以後，不管是來旅遊的、辦事的，還是考試的、看病的，每年十幾個人輪流來訪，都要住他那。

有一次，他一個遠房舅舅帶孩子來看病，攜家帶眷的，來了五個人，在客廳裡轉個身都難。

小周說太擠了，想帶大家去住旅館，他們不肯，說睡沙發打地鋪都可以！

「那幾天我簡直要崩潰了。舅舅一家生活習慣不太好，在家從不穿拖鞋，上廁所也不沖水，不只吃我的用我的，小孩還翻箱倒櫃地偷拿我的零食，吃完丟了一桌的包裝袋也不扔。舅舅大半夜還蹺著腳在客廳看電視。我凌晨三點被吵得睡不著，第二天一大早我還得起床上班……

「最無言的是，有天我下班回家，家裡髒得一塌糊塗，地上到處都是黑腳印。五個人在沙發上排排坐，邊嗑瓜子邊看電視。舅舅看見我就說：『你回來啦？我們正等你做飯呢，餓死了！』」

小周氣得不行，好好的一個家，被各路親戚朋友當成了免費旅館。他每天好吃好喝地招待他們，光招待的錢一年都要花上好幾萬，還不能流露出一絲不高興的樣子，不然人家會說你有出息了，瞧不起人了。

但自己的生活被搞得亂七八糟的，小周要跟誰訴苦？

類似的煩心事，也發生在讀者小月的身上。

結婚才三個月，她禁不住丈夫的軟硬兼施，同意了和公公婆婆一起住。

老人家其他的都好，就是節省得有點過分。

爛掉的衣服不准丟，非要縫縫補補繼續用；剩飯剩菜也捨不得倒，非要大家全吃掉；炒菜油放多了，都能抱怨一個晚上；小月有次買了件五百塊的衣服，婆婆說太貴了，居然生了好幾天的悶氣，還整天嘮叨：「我兒子辛苦賺錢，怎麼可以這樣亂花？」

最奇葩的是，有天家裡沒米了，婆婆要她去買米。她買了一袋十公斤的，把米提到六樓差點斷氣。

結果她進門後婆婆問了一聲價格就大發雷霆：「怎麼這麼貴？××超市便宜十塊錢呀，怎麼這麼不會算？你趕快去退貨！」

光是爭執頻繁、觀念不合也就算了，自己的家都住得不方便更慘。

因為公公婆婆在，兩個人根本過不了「二人世界」。兩人在家相敬如賓，連基本的身體接觸也不敢，因為婆婆覺得傷風敗俗。礙於公公在家，大熱天的小月也不能穿細肩帶，平時洗完澡也得穿戴整齊才敢出來。

好不容易週末想睡個懶覺，婆婆一大早門都不敲就直接衝進來：「怎麼還不起床呢？年輕人可不能這麼懶啊！」

時間久了小月幾乎崩潰了。

這還是我家嗎？我明明結了婚，卻好像寄人籬下。這樣的日子還能繼續過嗎？

03

「家不成家」的例子，在如今的年輕人中比比皆是。

前年我跟彥祖去他的一個同學家做客。進門我就驚呆了。一個歐式的金碧輝煌的大客廳，牆上竟掛著一幅巨型的中國古代山水畫，一個大落地鐘旁邊還杵著兩個怒目圓睜的玉麒麟。

主臥是日式的榻榻米，次臥則有張巨大的紅木床和整排的紅木衣櫃。每個房間的風格都截然不同，走遍整個屋子彷彿見證了世界數百年的變遷。

問起這麼有性格的裝潢是哪位知名設計師設計的，我們有朝一日買了新房子絕對避開他，同學臉都漲紅了，說這都歸功於老公的爸媽。

原來兩人婚前裝潢新房時，同學原本想按夫妻倆的喜好設計，可是老公的父母什麼都要插手，強勢到從設計到布置都想一手包辦，因為這件事他們還吵了不少次，差點連婚禮都辦不成了。

經過多次摩擦，大家最終達成一致：一人決定一間房的裝潢風格。客廳則以中線為界，左邊孩子定，右邊父母定。最後摩擦是避免了，但家也變成了一個四不像的東西。

「說真的，每天回家我整個人都感覺不對勁，絲毫不覺得放鬆，結婚兩年了還沒有家的感覺。我總覺得這是我家嗎？這既不是我喜歡的裝潢風格，也不是我中意的布置，我連清潔打掃都提不起精神。如果能從頭再來一次，我絕對不會讓任何人插手家裡的裝潢。」

說完，她環視了下四周，又嘆了口氣。

04

大部分的人際關係紛爭，到底源自哪裡？

「你侵犯了我的私人領地。」

不管是廣義上的心理私人領地，還是「家」這個狹義上的私人領地，越俎代庖，登堂入室，八成都會引起反感與衝突。

「這是我的家，我才是主人，擁有主導權。你憑什麼指手畫腳，說三道四？」

一些獨生子女非常有界線感，也很注重個人隱私。他們這麼要求自己，也同樣這麼要求別人。

在自己家裡，我們可以裸奔，可以一星期不洗頭髮，可以大素顏蓬頭垢面，可以穿著蓋不住屁股的T恤，可以窩在沙發上打一整天的遊戲，可以叫一星期的外送也不出門，可以隨意變更傢俱的位置，可以把家裡弄得亂七八糟。

無論在外面戴著多厚的面具，需要多少偽裝，家永遠是一個能讓人卸下重擔和壓力的地方，是一個能讓自己全身心放鬆的區域，而不是一個讓人覺得緊繃、疲累，需要掩飾、應酬，隨意被別人評價和評判，被第三者侵犯和左右的地方。

但是一旦和配偶、孩子以外的人長期相處，你還能這麼隨性嗎？如果對方還是你有所忌憚的長輩，你還能這麼自由嗎？如果一個人回家就像上班一樣，不能有絲毫的懈怠，這個家還能稱之為家嗎？

所以，要是不想自己的家變成親戚朋友的旅館，從一開始就婉拒他們吧，說清楚自己不習慣跟別人相處。實在不行，大不了把客房改成書房，把床給拆了賣掉。這年頭，還有自帶一張床來借住的嗎？

假如不願意跟公婆住在一個屋簷下，溝通又無效的話，就一定要經濟獨立。這樣才能對自己的家有主宰權，才能挺直腰杆跟他們平等交流，而不是對於一切結果只能被動地接受。

界線這個東西，你不提前劃好，別人就敢得寸進尺。

大哥，你多久沒看電視了？

01

上次回家，看見我爸正對著電腦百無聊賴地發呆。

桌面上是個網路棋牌室，上面空蕩蕩的，有很多把空著的椅子。

我隨口問了句：「沒人陪你打啊？」

他「嗯」了聲，有點失落，坐了很久都沒人來。

那個棋牌軟體還是十多年前我幫他下載的，他不會下載軟體也懶得學，就一直玩這個；帳號角色穿著一套很酷炫的衣服還戴著墨鏡，是十年前我幫他在免費區裡挑的，他不會換衣服也懶得換，帳號角色就一直穿著這套衣服。

十年了，再念舊的人大概也該換地方了。

我嘆了口氣，說：「那你就別一直打牌了嘛，上次我推薦了好多電視劇給你。」

他答得有些小心翼翼：「哦，那個啊……你不是幫我登錄了××網站的會員嘛，上次我打開電腦想看，電腦說我登錄狀態已經過期了。」

看我皺起眉頭，他趕緊又補上一句：「上次打電話給你，你當時在忙著寫稿我就沒問了，沒關係的，我們平常也不怎麼看電視劇。」

我愣了一下，心裡說不出的情緒慢慢漫開。

02

去年，我去某家知名大醫院看病，發現候診大廳的地上坐著一位老人，乾涸的眼眶一直有淚水湧出來，他用袖口不停地擦著淚，哭得很傷心。旁邊有個志工模樣的年輕女生蹙著眉，一直拿面紙給他安慰他。

我看得心酸，過了一會兒偷偷跑過去問女生，這個爺爺怎麼了？

她眼睛紅紅地解釋，爺爺已經七十多歲了，家裡很窮，兒子生了怪病，他大老遠地連夜從外地來這求醫。

昨晚他住在親戚家裡，原本要搭計程車過來，因為捨不得花錢，還是坐了公車，沒想到路上停停走走，耽誤了時間，到了醫院發現已經過了掛號時間了。

爺爺既心疼、著急，又愧疚、自責，乾脆一屁股在大廳坐下，捶著胸口大哭。

那女生撇撇嘴：「現在的人，哪還有幾個人會來醫院排隊掛號的，就除了這些老人家！年輕人在網路上提前幾天就掛好號了，都擠在他們前面。哭也沒用，都排到明天去了。」

我看了看爺爺手裡握著的老人手機，想起自己也是前一天在 App 上掛好號，所以早上一點也不著急，悠閒的九點多才到。

他做錯了什麼？就因為省錢坐公車嗎？還是因為跟不上年輕人的腳步，不會用手機提前掛號？

心酸！

你有沒有想過，自己有多久沒看過電視了。

我大概有三年了。家裡的有線電視都直接停掉了，我過了一年才發現。畢竟現在串流影音漫天飛，誰還會看電視呢？

你有沒有發現，自己越來越少帶現金出門了。

我大概有一年不太帶現金了。到處都可以用手機支付，連在路邊攤買個涼麵都可以。將紙鈔帶在身上又不乾淨又不方便，誰還會帶錢呢？

你上一次在路邊攔車是什麼樣的情景？

我早就不記得了。叫車軟體方便又划算，經常送優惠券，還不怕被繞路。下雨天攔車半小時都沒人理你，誰還傻傻地站在路邊等空車呢？

現在真的很方便，不管去哪裡都好像只需要一支手機而已。

可我們從沒有想過——

這個世界上還有一群人，固執地守著那台不怎麼清晰的電視機，看著固定的節目和劇集。一個小時後會有幾分鐘的廣告，他雙目圓睜盯著電視，心裡在讀秒，偶爾見縫插針去上個廁所。

即使有人教會他們怎麼在網路看電視，他們也搞不懂：為什麼電腦不是一打開就能看劇？那些上面寫著 VIP 的電影我為什麼看不了？

他們會在暴雨天，冒著傾盆大雨打著搖搖欲墜的傘，手臂一次又一次地揚起又放下，看到下一輛計程車的時候手臂又頑強地舉起來。

車裡面響著叫車軟體接單的語音提示，他卻聽不見，只能站在路邊渾身淋得透濕，摸著光禿禿的後腦勺，感到焦急又奇怪：為什麼一個小時了，都沒有一輛車停下來？

他們會一大早天還沒亮就出門，跑到人潮如織的醫院去排隊。因為他們不知道這個世界上還有種東西叫網路預約掛號，還在想為什麼現在看病越來越難了。

他們是我們的爸爸媽媽、爺爺奶奶，是那些頭髮漸漸花白，發現世界好像越來越讓自己看不明白也弄不清楚的人。

我爸至今還沒有使用手機支付，我媽到現在還不會用叫車軟體，他們到現在還不知道該怎麼上網叫外送。我說手機上可以買菜，還有人幫忙跑腿，他們都以為我是在瞎掰。

一個朋友的母親，至今不願意申請手機支付。因為她不能理解，錢放在銀行帳戶以外的地方怎麼會安全。

他們還沒反應過來，為什麼世界在一瞬間好像就全都變樣了。

我們坐在疾馳的車裡狂奔，享受著科技進步帶來的諸多便利。老一輩的人卻似乎還被卡在時代的縫隙裡。他們茫然四顧，發現沒法後退，更無法前進，只能雙手扳著時代的邊緣，呆呆地看著我們越來越遠的背影。

04

可是為什麼，我們不能拉著他們往前走呢？

我現在都還記得，我爸第一次學會用通訊軟體，是我教他的。那時候我在上大學，他們只能透過視訊聊天來減輕對我的想念。

我幫他申請了一個帳號，名字叫搖錢樹。列表裡只有我一個好友。他總摸索著自己輸入密碼登錄帳號，雖然那個頭像自從我大學畢業後，就再沒亮起過。

我媽第一次學會用電腦，也是我教她的。剛開始她連資源回收筒都不知道，把所有檔案全部放在桌面。電腦還中毒了，卡到如同耄耋之年的老人，連打開網頁都顫顫巍巍的。

我教她清理記憶體，幫硬碟分區，幫電腦掃毒。雖然她現在還是把什麼都丟在桌面上。

我買了掃地機器人、淨水器……給他們，盡可能地希望他們能和年輕人接軌。

但我還有很多沒做好的地方啊。因為性子又急又不耐煩，叫車軟體我教了他們一次就不想教了，我想爸媽怎麼這麼笨啊。因為打電話時我總在寫稿，我爸好多次想問我串流網站的帳號密碼，都沒有機會問出口。

我知道現在的年輕人，包括我在內，每天說最多的就是「我很忙」、「我很累」、「我沒時間」。

但是我們寧願在週末去泡酒吧，也沒空教爸媽怎麼在網上買一把小白菜；寧願在工作日跟同事聚餐，也沒耐心教爺爺奶奶怎麼網路預約掛號看病。

我以前看過一句話：「媽媽不會用手機別嫌她煩，小時候她曾耐心教你用湯匙。如果有一天，他們站不穩、走不動了，請你抓住他們的手，就像當年他們牽著你蹣跚學步一樣。」

我想人生就是一次又一次的輪迴。

有一天，我們最終也會被時代毫不留情地拋棄，會站在路邊，一臉茫然地看著飛速掠過的無人駕駛汽車；會打不開家門，因為對不準門框上的眼球識別儀器；會吃不到飯，因為外面都是自助操作的機器人餐廳。

但我希望在那天，會有一個人拉著我的手說：「媽媽，沒關係，我慢慢教你！」

生活給你一巴掌，你就和它擊個掌

01

今年，是李恆在大城市工作的第七年。

這七年，他每天夜以繼日地工作，不知疲倦地加班。

好不容易晉升為主管，拿到了十六萬的月薪，他卻想辭職。

沒錯，在外人看來，他非常成功。

他年薪兩百萬，是父母的驕傲。老家的同學親戚都很羨慕他，說他在大城市混得風生水起。所有人都說他很有出息。

但在李恆心裡，自己是徹頭徹尾的失敗者。

為了賺錢，他沒有愛好，沒有娛樂，沒時間和女朋友約會，導致兩人分手，更沒時間回家看父母。

偶爾的加班間隙，他看著別人出去郊遊烤肉在社交平台上分享的照片，覺得自己像個賺錢的機器、沒有靈魂的行屍走肉。

唯一還能讓他在這座陌生的城市撐下去的，可能就是那十六萬月薪。

他想甩手不幹了，卻缺乏勇氣。畢竟這是他七年的累積，人生有幾個七年？

他偶爾在電話裡開玩笑提過，但父母都極力反對：你要辭職，好歹先想好出路，總不能比現在賺得少吧？

他剛想說出口的那些話，又囫圇吞了下去，他只能堅持下去。

只是有時候加完一整夜的班，看著窗外的魚肚白，看著太陽每天都在照常升起，他覺得自己的生命力也在一點一點地消逝。

上一次好好地睡一覺是什麼時候的事了？記憶已經很模糊了。

上一次沒有負擔地笑是什麼時候的事了？他早都不記得了。

有時候他也會想起以前做過的夢：那時候他跟朋友指著世界地圖說，自己將來想當一名導遊，想走遍千山萬水，跟很多人聊天。

當時的他也幻想過自己三十歲時會是什麼樣：一屋兩人三餐四季，執子之手，共度餘生。

現在呢？他什麼都沒有。

他整天為之赴湯蹈火的，只有一個字——錢。

02

鈴鐺的讀者裡，有一個非常小的妹妹。

有多小呢？大概十三四歲吧，是剛開始塑造價值觀的年紀。

平時她媽媽不讓她玩手機，她偶爾會趁上廁所的時候跟我聊聊天。我帶孩子之餘，也會跟她有一搭沒一搭地聊兩句。

有一天，她突然問我：「姐姐，你讀書的時候成績好不好？」

我說不好，有的科目好有的科目差，數理化可以說是倒數了吧。

「那你現在寫文章一個月能賺多少錢？」

我回答還可以，雖然沒工作，但養活自己和家人綽綽有餘。

她明顯很羨慕的樣子，來了一句「看來不好好讀書也能成功啊」。

我一驚，下意識就問：「什麼叫成功？你覺得能賺到錢就算成功了嗎？」

她理所當然地回答：「對啊。我媽經常跟我說，要好好讀書，不然以後考不上大學，賺不到大錢，只能做個廢物，被所有人瞧不起。」

我一時語塞。

那一瞬間，我突然回憶起自己前年參加的一個作家進修班。

當時老師問：「大家覺得什麼樣的文章才算真正有價值？」

有個作家舉手，自信滿滿地說：「我只知道，沒有商業價值的文章就沒有任何價值。」

聽到這句話，我想站起來反駁他，卻沒有勇氣。畢竟很多人只是這麼想，並不會說出來。沒有賺到錢的努力，就是毫無價值的努力。

即使能寫出傳世之作，如果你一生潦倒，連家人都會嫌棄你。

在很多人的眼裡，錢才是衡量一個人過得是否成功、努力有沒有價值的標準。
你說你堅持寫了多少年的文章，沒多少人看。
你說你在外面打拚實現了多少自我價值，沒多少人關心。
你說你賺了多少錢，會有人湊上來，稱讚你一句厲害！
一些自媒體成功學分享內容的標題都是「從月薪幾萬到幾十萬元，如何在最短的時間內賺到最多的錢」。
年底去參加同學會，就連我被問到寫作幾年有什麼成績時，都只能吞吐半天，從嘴裡憋出一句：賺了多少錢。

04

當然，我的意思不是說錢不重要。
錢是好東西，能救命，能買來自由，能給人帶來尊嚴。
我賺到錢的時候，也會看著帳戶餘額傻笑，花錢請爸媽出去旅遊也超級開心。

但當全世界都把賺錢當成人生的目標時，我們身為人活著的價值究竟在哪裡？

你有沒有在哪一刻問過自己：我想成為什麼樣的人？我想擁有什麼樣的生活？我真正想要從事的是什麼職業？我想住在哪個城市，學哪些技能，和誰共事，和誰結婚？

說這個可能有點雞湯，但是我真的很想告訴所有人：如果你幸福快樂的源頭是努力賺錢，那當然可以。但是這不代表所有人都要選擇一樣的方向。

有些人，滿足感來自不停攀登，在自己熱愛的領域長久耕耘，即使沒賺到多少錢。

有些人，幸福感來自美好的老婆孩子，甚至是做條一輩子「躺平」任人嘲笑的鹹魚。

說實話，我從寫作中得到最多快樂的那兩年，反而是根本沒有賺到幾個錢的那兩年。

那時候我不用關心每篇文章有多少點擊率，也不害怕一言不合就遭受網路暴力，沒有更新壓力，想寫什麼就寫什麼，不用思考什麼內容才有人轉發，投稿給媒體一個月拿到兩千塊，和彥祖去餐廳吃一頓超開心。

那時候的我，未必就不比現在成功。

馬克．吐溫說，人生最重要的兩天，就是你出生的那天和你明白自己為何出生的那天。

可是絕大多數人只有第一天，到死也沒有等來第二天。

無論溫飽、開心，還是奮鬥、努力，只要是按自己想要的方式過日子，不後悔，不焦慮，不被任何人和任何想法綁架，你都很成功。

只要你照鏡子的時候，能挺起胸膛對自己說：你看裡面那個人，他不一定能賺到很多錢，也不一定非常努力，可他那麼認真地生活著，種一束盛開的花，炒一盤好吃的菜，和家人一起散步，帶給身邊的人幸福。他真的真的真的很厲害！

歡迎來到大人的世界

01

又到了考大學的時候。

從明天開始，又有一幫孩子要變成真正的大人了。

依然記得考完大學那天，我坐在空了一大半的教室裡，最後一次望向窗外。

陽光像瀑布一樣傾瀉而下，我抬起手好像能觸到空中飄浮的塵埃。樹葉被太陽撫摸得閃閃發光，蟬還是一如往常地叫得不知疲倦。

我愣了一會兒才反應過來：我終於畢業了。

拖拖拉拉地把東西都收拾好，臨走時我突然覺得心裡空蕩蕩的。黑板上的大考倒數計時還沒有擦掉，幾個粉筆頭凌亂地散落在講臺上。明知道有些人一輩子都不會再見，自己要和高中時期告別了，我卻感覺好像一切都沒有變，時空似乎凝固在某個瞬間了。

定格的那個畫面，在後來的十年中，無數次在我午夜夢迴時又與我相見。

畢業意味著什麼？我想，對剛剛結束了高中生涯的孩子們來說，它可能意味著有史以來心裡最輕鬆的暑假；意味著馬上要和沒有任何血緣關係的陌生人相處四年，同住一室；意味著脫離了父母的管轄，享受自由，學會獨立；也意味著即將開啟人生新的征程，未來有無限的可能。

可是在二十九歲這年，我才突然意識到：**畢業，意味著我們一部分的自己慢慢遺失在了過去。**

如果青春有壽命的話，大部分人都是在三十歲之前壽終正寢。

02

有時候我也會想，到底人是如何逐漸腐朽的？

你看十八歲剛畢業的時候，每個人的眼睛裡還有光。我們背起行囊離開家鄉，一隻腳踏入和以前截然不同的人生，像個孩童一樣甫一睜眼，就好奇地探索這五光十色的世界。

我們會遇到第一次全心全意地喜歡的人。喜歡到什麼地步呢？喜歡到願意把全世界包括自己都打包送給他，為他做什麼都可以。

我們會結識很多來自天南海北的好朋友，在熱炒店或 KTV 裡喝酒、吃宵夜、聊天。那時候我們也曾以為我們會一輩子這麼好。

我們會保有小孩子般的天真和善良，會為路邊的乞丐掏出口袋裡的最後一點零錢；會自己站十幾站的路，就是為了讓座給老人家；會覺得世界上不會有壞人；會不假思索地相信每一句「我愛你」和「一輩子」；會對全世界敞開雙臂，緊緊擁抱別人。

那時候，我們對任何人和任何事，都抱有絕對的信任和熱忱。

直到時間的車輪轟然碾過，我們才突然發現屬於孩童的馬戲團帳篷，被撕開了一個難以察覺的缺口。那個缺口越來越大，變成了一個烏漆墨黑的洞。

你蹲在那好奇地往外看，外面擁擠著想進來的，是一大堆成年人的醜陋。

你以為的好朋友，在利益面前和你翻臉。所謂的友情脆弱得如同紙一樣。

你以為的此生摯愛，信誓旦旦地說愛你的同時，也在傳訊息說著愛別人。

你的天真和不設防，在猝不及防中成了你被重創的理由。

你以為的以為，正接二連三狠狠地打你的臉。

當掏心掏肺遭遇了幾次腹背受敵，你就像在沙灘上苦苦堆了一天城堡的孩子，在海水沖刷過來的一瞬間「傾家蕩產」。

海水對你說：歡迎來到大人的世界。

03

短短四年怎麼夠呢？你還會大學畢業，會找工作，可能會接二連三地碰壁，會再戀愛，可能會一次又一次地分手。

你的驕傲、勇敢，漸漸變成了畏縮，這中間的刺痛你已司空見慣。你成了流水線下的複製品，曾經的稜角被打磨掉，大家已是千人一面。

理想這個詞離你越來越遙遠，取而代之的是活著。

吃不完的泡麵，看不完的韓劇，對一切無所謂的態度，讓你所有的感官變得遲鈍。

你變得膽小如鼠，不敢接觸新的異性，愛情對你來說是奢侈品。你不再好奇也沒有了活力，如同行屍走肉。你從躊躇滿志到混吃等死，只用了短短幾年時間。

那兩年，你好像都能從空氣中聞到死亡和腐朽的味道。那是青春在衰敗的暗號。

偶爾你也會問自己，自己是從什麼時候開始變成這樣的呢？你在寒風中抱了抱手臂，也抱著身體裡正蜷縮著的那個小小的自己。

你突然想到高三畢業的那一天，你離開教室時回頭看的那一眼。

但時光不可能讓你重來一遍。

04

所以這就是我在你們畢業前夕，想要遞給每一個即將踏上新的人生征程的人的一封信，也是留給數年後的我，或者二十多歲的你的一封信。

我知道，離開父母的庇佑後，人會迅速成長，或者像烈日下的一棵植物迅速衰敗下去。

你可能會遇到此生讓你用盡全力的一段愛情。你願意凌晨起床排一個小時的隊買早餐給她，坐幾個小時的車去見她一面，但是你們最後可能也不會在一起。

你可能會經歷工作上的很多挫折，比如做了十幾個小時的企劃案，熬了幾個夜趕出來的簡報，卻被主管說得一文不值，還被撕碎了丟進垃圾桶裡。

你可能會發現你心裡堅定的信仰，你梗著脖子想要的正確，在現實面前不堪一擊。好像在所有人眼中，只有權力和金錢才是至高無上的真理。

那天你想，以後就把心層層包裹起來好了，就渾渾噩噩蹉跎度日算了，就像別人那樣，矇著眼睛假裝看不到，在黑暗裡摸索著前進，還洗腦自己：天本來就是黑的，反正大家都這樣啊。

但我還是希望，你還能如最初那樣，堅韌、炙熱、純真、勇敢。

你還不會放棄努力，對想要的都能勇敢地爭取。

你還不會在乎別人的看法，會按你理想的方式去活。

你還沒有喪失對人的信任，喜歡他就有孤注一擲的勇氣。

你還對人世間的一花一樹都充滿了熱忱，對一切新事物都充滿了好奇。

因為溫度才是我們活著的證據，心臟還會跳動你才能感受到自己的呼吸。

我希望你，無論是十八歲、二十八歲、三十八歲……都能保持敏銳、正直，有少年一般的天真和赤忱，提起夢想還會眼眶泛紅，像個初出茅廬的孩子。

我們還小，別急著變老。

因為少年氣才是一個人身上最珍貴的東西。

你還記得十七歲時喜歡的人嗎？

01

之前看過一段話：當你發現身邊的朋友找的對象越來越醜的時候，就說明他快要結婚了。

上個月，剛過完二十七歲生日的朋友交了新男朋友。

這個男人和她以往的每一任男朋友都不太一樣：不高不帥，不解風情，甚至沉默寡言到有些木訥。

我很詫異，說：「你是受了什麼刺激嗎？明明你喜歡的不是這個類型，我記得你是個標準的外貌協會！」

她笑了笑。

「二十歲的時候，我也喜歡那種在籃球場上迷倒眾多女孩的，或者挽著他走在街上會引來無數女生羨慕眼神的男孩。但是到了二十七歲，我的心態就跟以前完全不一樣了。

「這個男生是親戚介紹的，無論是工作還是家境，各方面條件都蠻出色的。我爸媽也很滿意，大家都說他是現階段最適合我的結婚對象。」

可能越來越多的女生都是這樣的吧，曾經只考慮帥不帥，能不能玩到一起，有沒有好感，後來，更多的是考慮家境如何，人品怎麼樣，適不適合結婚。

比起雖然好看卻有無數女人對他虎視眈眈的男人，二十七歲的女人更需要的是安全感。

談戀愛看臉，好像是年輕的時候才會做的事。

02

前兩天網路上出現了一個話題：你還記得十七歲時喜歡過的人嗎？

下面有則留言讓人心酸：

他過得很好，我不能打擾。可從始至終他都不知道：從前有個人愛他很久，他是青春的開始與盡頭。

大概我們的青春也是這樣的吧，從喜歡上一個人開始，到很難再喜歡上一個人結束。陽光的笑容，潔白的襯衫，清香的長髮，同時被老師喊起來答題時全班的哄笑，抽屜裡的早餐，夾在課本裡的零食，每天一起上學放學，晚自習後偷偷在巷子口親吻。上課時害羞的偷看，眼神無意中接觸的慌張，作業本放在一起都會覺得甜蜜，念出那個名字都會心跳加速，還有畢業紀念冊上面語焉不詳的暗示和直到最後都沒有表達出來的遺憾。

那個年紀多美好，即使他沒房沒車看不到未來，你也一心想跟他過一生。

五月天說，青春是手牽手坐上了永不回頭的火車。

以前我們總以為，喜歡的人永遠不會離開，暑假的後面還有數不完的夏天，人生還有無限的可能，任何事情都能從頭來過。

以前我們總以為，自己是世界的主角，以後一定會幹出一番大事業，任何事情都能按照自己的想法去發展，未來盡在自己的手中。

直到寫完了所有的試卷，考完了所有的試，跟年少的他分了手，喝完了手中的酒，在格子間裡敲打著鍵盤，對上司唯唯諾諾，無休止地加班到深夜，拿著和別人一樣的幾萬塊薪水，從空蕩蕩的辦公室裡出來……你才突然發現青春已經落幕，原來自己也不過是個平庸的人。

03

青春是什麼時候消失殆盡的？

可能是那天，你發現比起單純的好感，成年人的感情更講究勢均力敵。你不再因為對方會打籃球、成績好、長得高就表白，你想得更多的是彼此是否合適，能力和家境是否相配。

也可能是那天，經歷過一次失敗、重啟，你突然發現自己失去了一往無前的勇氣。你會不願意付出，排斥改變，只想守好自己的一畝三分地。

又或者是那天，被騙的次數太多，你再也不隨隨便便地相信別人，變得更加警惕和刀槍不入。你難以進入一段感情，難以接受兩個人的生活。

結束了一段關係，你發現分手後恢復的時間變得更短了。以前你會歇斯底里地痛哭，現在瀕臨麻木。你暗自叮囑自己不能難過太長時間，眼睛哭腫了要用冷毛巾敷，因為不能影響第二天上班。

成年人，總在不動聲色地崩潰。

我們突然不再睥睨一切，學會了請客送禮，懂得了人情世故；我們突然開始擔心眼角的魚尾紋，研究起了保溫杯和生髮水；我們突然明白自己已不再受父母的庇蔭，要學會為自己的人生負責，因為沒有人有義務幫你收拾殘局；我們突然知道不會再有人輕易原諒你的莽撞和輕狂，因為「二十不狂是無志，三十尤狂是無智」。

我們也終於弄懂了，曾經自己怎麼吃都吃不胖，不是因為體質，而是因為年輕。

但不管你再怎麼否認，青春之所以結束，其實並不全是因為年齡，而是因為你在某一刻放棄了它。

當我們屈服於世俗，忘記了正直，習慣了麻木，摒棄了熱血，丟掉了一往無前的勇敢和「愚蠢」，甚至心安理得於自己的蒼老和憔悴，我們的青春才真正地落幕了。

如果你不能成爲太陽，那就當一顆星星

有個KOL分享了一段話，我至今記憶猶新。具體內容我搜不到了，只能憑我的印象複述個大概。

二十年前，爸媽們下了班，都匆忙忙趕回家做飯。那時候我們放學，都是踩著沿路挨家挨戶的飯菜香回家，到家就有的吃。

那時候沒有加班文化，成年人吃完飯會守在電視機前面看《還珠格格》，或者聚在一起打牌。孩子們出去找朋友玩，打羽毛球或者跳繩，玩到八九點大汗淋漓地回來。

回憶起來上一代長輩們雖然累，但好歹保留了某種精神和家庭生活。

而現在年輕人的人生呢？

一個在大廠工作的朋友對我說，她朋友，一個一九八八年出生的女人，因為之前加班加太兇，結了婚一直無法懷孕，每天在上班時喝中藥。

我的一個同行，最近突然離職要去學佛，因為考上了佛學院。她說她之前拚命工作，拿了相當於十個月薪資的年終獎金，最後站在辦公室裡發現自己居然好幾年都沒看過夕陽了。

賺了那麼多錢買什麼？她不知道。跟誰去花？她也不知道。

她只知道，自己絕不敢停。因為一旦停下，就有無數人從她身上踩過去。

現在的年輕人，別說結婚了，談戀愛的時間都沒有。年輕人猝死的例子越來越多，可是沒辦法，還是會有很多人搶破頭去做螺絲釘。

大家都在拚命，能自己回家做飯的都成了異類。每天吃著推陳出新的外送，租一個月一萬元的房卻只能回去睡幾天。

偶爾哪天不加班了，坐在電腦前你都不知道該去哪。因為你沒朋友約吃飯，早早回到租屋處也沒事幹。

就像一位網友留言的一段讓人覺得心酸的話：

工作讓我麻木，下班只想躺著。什麼談戀愛、結婚、生孩子、社交、娛樂，全部和自己無關。我沒有任何期待，也沒什麼精神寄託。社畜做久了就像機器人，失去了喜怒哀樂，只有累，骨子裡透出來的累。靠慣性活著，靠呼吸活著。

內捲*已經毀了我們這一代的生活。

其實我經常寫文章，勸所有人放鬆一點。不是宣導大家都不去努力，而是希望你別被內捲的洪流帶走了。

讀書，你不可能永遠維持在第一名。

職場，總有人做得比你更出色。

就連旅遊，也總有人比你去的地方多。

看個電影，坐第一排總算沒人擋在前面了，但你一直抬頭，不累嗎？

鈴鐺也曾經因此得了憂鬱症。

比如，沒有靈感寫不出文章的時候，寫得很爛覺得在製造文字垃圾的時候，為什麼不能像社交平台上更厲害的人那樣輕輕鬆鬆賺到超多錢的時候，覺得自己不如別人聰明不如別人機靈的時候……

看著那麼多成功又優秀的人我會覺得痛苦：為什麼他們不是我？

後來你會發現，當人的眼光永遠落在別人身上時心就會變得狹隘。因為看不到自己的需求，也看不到自己的一點點進步。

為什麼不找找自己身上的優點呢？

「我外送送得很快。」

「我毛衣織得很好。」

「我做菜非常好吃。」

「我很擅長逗孩子笑。」

人生的成功不只有賺錢和往上爬。如今鈴鐺的理想就是做個幸福的普通人，對我的兒子小咕嚕的期望也一樣。

還比什麼呢？

上學的時候比誰成績好，工作以後比誰薪水高，結了婚比誰的老公比較會賺錢，比誰嫁得好……

問題是再怎麼比，你能站在全世界的頂峰嗎？

即使真能拚到山頂，站上去以後呢？

下一步要做什麼？活著的意義到底是什麼？

我恍惚間回想到十幾歲的班會上，當老師問大家長大想做什麼時。有同學說想當個歌手，有同學說想開家店賣吃的，有同學說想當導遊，我卻不知道自己該怎麼回答。

＊內捲：網路流行用語，通常用來形容某個領域中發生過度的競爭，導致人們進入互相傾軋、內耗的狀態。

爸媽說考上大學就好了，就能賺到大錢找到好工作了。沒人告訴你找到好工作是為了什麼，你只知道努力了十幾年如今只能坐在辦公室隔間裡埋頭苦幹。

找到好工作是為了好好生活。

至少家人能在一張桌子上吃飯，週末能偶爾去逛個公園，有時間跟朋友吃個宵夜，下班還有餘力和另一半擁抱著聊天。

我們應該在溺水的節奏裡伸出頭喘息，這樣才不至於變成一個只會賺錢的空心人，或者一枚壞了就扔的螺絲釘。

真的，停下來休息一下吧，不要再「捲」了。

那些你羨慕到眼底通紅的人，未必靈魂就比你更自由。

我終於買來了安全感

今天我跟大家分享一件超級開心的事情。

上週五，我和彥祖去銀行，把家裡的房貸還清了。

我們是二〇一一年買的房子，當時貸的是三十年，每月繳兩萬元。上個月看了記錄我才知道，過去十年我們還的居然百分之七十都是利息……

我頓時無語，覺得這麼多年都在白做工。

不過我們總算上岸了（還好這裡房價低，不然我今天絕對吹不了這個牛）。

01

這是我們在過去的三年裡，還的第二間房子的房貸。

第一間是爸媽在我大學時買給我的房子，第二間就是彥祖爸媽買給我們的結婚新房了。

看到這裡肯定有人說我傻。我擅長投資的朋友也說過：幹嘛不拿這些現金去投資？錢在貶值，物價在升高，而且越往後利息是越還越低的呀。

我也知道啊。可是怎麼講呢？要不先聊一下我第一間房子從買到手到還清貸款的過程吧。

鈴鐺還在上大學的時候，家裡條件其實很普通。只因為爸媽一直覺得，他們這輩子都窩在這小地方裡沒出去，就希望我能去更好的地方發展。所以他們傾盡所有，替我在大城市偏郊區的地方買了間小坪數的房子。

當時那間房子每個月要繳一萬元左右的貸款，問題是我爸媽的薪資加起來也就兩萬多一點。他們還得負擔我的生活費，所以日子過得捉襟見肘。

過了很久我媽才透露，剛買房的那幾個月，我爸每晚失眠，輾轉反側，說想到自己七十歲可能還在替我還房貸，就覺得壓力太大。

他們那幾年吃飯基本上都只有兩道菜，一個肉加一個鹹菜，夏天再熱也不怎麼開空調，平時想的就是省錢，但再怎麼苦也沒有降低我的生活條件。

當時我真的是又想笑又想流淚。這兩位大概是覺得我這輩子肯定沒什麼出息了，但也決定一直好好養著我這個沒出息的女兒。

所以，二〇一九年，在彥祖的支持下，我賺到錢就買了間在家附近的房子給他們，也把第一間房的房貸提前還清了。

還完錢的那天，我爸又開心又感慨地說：「我女兒真棒，幫我們把貸款都還清了！」我鼻子一酸反駁道：「明明是你們買給我的房子，怎麼能說我幫你們還了貸款呢？」

我爸是不是很傻，連帳都不會算？

但光是看他們這麼開心、驕傲，還有我老爸以後能睡個好覺，這也是很值的一筆支出了。

02

第二間房是彥祖爸媽替我們出頭期款的（我真的很感謝他們給我們的小家庭這樣的幫助，光靠我們兩人肯定是買不起的）。

我剛開始工作那幾年一個月還兩萬元稍微有點壓力，現在還好。

但夫妻倆商量了一下，還是拿出家裡幾乎所有的存款把房貸還完了。

第二次還貸，主要還是出於安全感上的考量。

我看起來粗枝大葉的，其實金錢觀偏保守，也沒有太多的物欲。

有追蹤我個人帳號的老讀者應該都知道，我的日常不是分享一百多塊的假髮，就是兩百多元的包包（貴的也買，但我覺得平常沒什麼必要買，畢竟我已經過了非要靠奢侈品證明自己年紀的時候，而且對我們這種普通人來說，昂貴的東西太不耐用了）。

寫作這幾年，我賺錢後所有的大筆支出，也不過是帶雙方父母出國旅行，買幾樣以前買不起又很想要的奢侈品給自己，還房貸和買房給爸媽。

哦，還有生孩子養孩子，這個實在太花錢了。

我也投資。我試過的風險最大的投資就是買基金（為還貸已退場），年紀越大我越不喜歡欠錢的感覺，總覺得自己每個月都在替銀行白做工。

三十二歲了，家庭沒有負債，是我目前能想到的最大的安全感的來源。

03

我知道，大家都覺得自媒體賺得不少，所以經常有人勸我創業，把盤子鋪大，賺更多的錢。

只有我自己才知道，我不是這塊料。

除了害怕風險，我很明白自己不是因為才華才賺了這麼多錢，僅僅是因為我剛好站在風口上罷了。得到的一切都是靠自己的運氣、時代的福利和一路遇到的貴人們給的幫助。我不覺得自己這輩子都能一直飛在空中。

最重要的一點，是我希望我和彥祖以後賺的每一分錢都是自己真心想賺的。而這一點只有沒負債才能做到。

工作是因為自己喜歡，而不是因為身後有生存的鞭子在抽自己。想奮鬥就奮鬥，感覺累了就躺平*休息一會兒再繼續。不用只能前進，無法後退，不用做一頭勤勤懇懇的老牛。

但也不用擔心我會徹底躺平，現階段我覺得賺錢還是非常快樂的事。

因為跟朋友、家人出去吃飯不用考慮這家會不會太貴，不用因為擔心結不起帳加不

*躺平：為新興網路詞語。指年輕人因為經濟、社會階層流動困難等問題，對於現實環境失望，而產生「不如躺平，無欲無求」的應對態度，是一種對抗「內捲」的方式。

起菜，就一直死死地盯著菜單，畢竟跟喜歡的人在一起的時光很寶貴，我想忘記自己的尷尬和窘迫，只記得聚會中每個人的笑臉。

我可以吃到好吃的就給朋友、家人們買一份，不用想自己這個月已經超支了多少。當他們收到禮物感到開心的時候，就是我感到快樂和幸福的時候。

我可以等小咕嚕長大了，不用老想著反哺家裡，能有自信地選擇自己喜歡的行業，選擇自己喜歡的人。我想生了孩子的父母都有這種感受吧，自己鞭策自己，都是為了孩子未來有更多的可能。

總之，還完房貸的感覺真是太太太快樂了！

Part 4

「你知道哭是解決不了問題的。」

「沒有人哭是爲了解決問題。」

不愛你的人，比你想像的更成熟

01

某天我無聊地上網閒逛，看見一篇文章〈怎麼樣才能讓女朋友成熟一點〉。這個男生說，自己和女朋友是遠距離戀愛，他是女朋友的初戀：

我平時工作忙，沒什麼時間來找她，她放假就想來找我。但是我覺得她還是應該以學業為重，就叫她別來。

她就生氣了，說我們這樣不像在談戀愛，還開始翻舊帳，說我和她在一起這麼久從來沒送過東西給她，也不關心她，經常三天都不跟她連絡一次。

我覺得很奇怪，為什麼談戀愛就一定要像交易一樣呢？我一定要送東西給她，每天噓寒問暖嗎？我有自己的工作，沒時間理她很正常。

她雖然經常送我禮物，但都是一堆不值錢的小東西，我不回送也沒什麼吧？而且她喜歡的東西在我看來都是沒必要的，再加上我剛畢業，經濟不寬裕，所以我也一直沒送她禮物。

她以前不會這樣，我說在忙的時候她會很乖地等我。剛認識的時候她也非常獨立而且很有趣。現在她變得很奇怪，很愛哭，變得很多毛病。以前她經痛都不吭聲，說睡一覺就好了。前幾天她經痛，打電話給我說不舒服，我當時正在忙工作，很煩，就叫她不要鬧，自己去醫院。她就把電話掛了，至今沒理我。

交了男朋友就是脆弱的理由了？我真是無法理解。

我還是想跟她結婚的，我想問大家怎麼才能讓她成熟一點？

又是「這種垃圾都有女朋友」系列。

你再忙，打個電話不需要十秒吧？

想和你見面就是不成熟了？想每天給你打幾個電話就是不成熟了？希望你給她送禮物就是不成熟了？經痛的時候打電話給你就是不成熟了？脆弱的時候想依靠你就是不成熟了？

愛你才會依賴你，才會想看見你，不然你以為你是誰啊，人人都排隊想跟你見面？需要的時候可以在你身邊，不需要的時候就滾開點，不用寵，不用哄，不用陪，世界上有這種女朋友？能不能給我的讀者介紹幾個？

你乾脆買個電子寵物好了。

有些男生啊，明明就是自私，在愛情裡只想享受，捨不得付出，一點男朋友的責任、義務都不想承擔，還有臉指責女生不成熟。

我相信這樣的人以後會越來越少的，因為沒有女生願意嫁給他，最後這樣的人就滅絕了。

02

其實我以前呢，也自詡成熟獨立，單手劈柴火，掌心碎大石，提起桶裝水健步如飛，一口氣爬十層樓都不累。

我還是朋友圈裡出了名的善解人意，專門幫別人分析和解決感情問題。

結果跟彥祖在一塊後，我頓時變成傻子，不只幼稚，連自理能力都快沒了。這都怪他——喝飲料幫我轉瓶蓋，吃飯幫我夾一堆菜，我懶惰的時候幫我打點好一切，吃個蝦都會幫我剝好殼把肉送進我嘴裡。

這直接導致每次我們一起出門，我從來不帶錢包也不記路，反正有他就行了。任何東西找不到我都會問他去哪了，什麼事情搞不定我都會打電話問他。所以，要是哪天他也忘帶鑰匙了，我們就會成雙成對地被鎖在家門外。

或者哪天他出門也忘了帶錢，我們倆就會面面相覷，寸步難行。

更可怕的是，結婚半年後，我都不知道怎麼開客廳的電視（投影機）；結婚一年後，我都不知道在哪繳水電費和瓦斯費，因為平時這些都是他包辦的。

他經常嘆著氣說，沒有我，你該怎麼辦？

嗯……其實我相信，即使沒有你，我自己也是可以的。

可只要你還在身邊，我就沒必要操心任何事。

撒嬌賣萌，不用擔心會被討厭；腦子打結，他都能給出最佳解。我可以安心地依賴你，遇到困難找你，你總能解決問題。

要知道女孩在喜歡一個人的時候，是會變得幼稚黏人的，還有點傻。

因為她覺得，你是她最親密又可以依賴的人。
在你面前她可以不用偽裝，可以展現出不那麼成熟獨立的一面。

03

所以，我蠻討厭男生說「你能不能成熟點」這種話的。
每次聽到，我都想拿出我三公尺長的大刀，在他脖子上比劃比劃：你叫誰成熟一點啊？啊？怎麼現在又不說話了？
我都三十歲了，上個月還買了一堆手工娃娃。
我爸媽歲數加起來都一個多世紀了，不還是會手拉著手去坐碰碰車嗎？
你覺得她幼稚、不夠獨立，那是因為她喜歡你，她要是對你沒感覺了，立刻比你媽還成熟。
網友說過，人類就是很奇怪，一旦談戀愛了就像失去了自理能力，還是要人工飼養的那種，總是需要培育、養護，單身的時候就像在野外求生，有抵禦一切外力的能力。

人都有惰性。當你全身心地信任對方，自己的腦子就開始停止運轉了。你會失去思考和自理的能力，會把自己最軟弱和天真的地方展現給對方看，相信他不會騙你，也不會傷害你。

所以這就是為什麼很多成熟的男生戀愛時間久了，就變回了一個孩子。

04

當男生不再包容女生的「傻」和「幼稚」時，女生就會一夜長大。

因為在女孩看來，男朋友每次說「你能不能成熟一點」時，其實意思是「你能不能別這麼煩人」。

請你成熟一點。

有事情不要來找我，一天到晚最好都不要聯繫我。

不要對我撒嬌，不要期待我會主動道歉。

不要向我要禮物，不要追著我要親吻。

遇到事情自己想辦法解決，不要想著來麻煩我。

你這樣很噁心很煩，你知不知道？

女生是很敏感的。當她感覺到你的潛臺詞，就會按你所想的變得成熟懂事。最後有一天，她也就不再愛你了。

以前我看過的一句話是這麼說的：

你愛她時，才會覺得她傻；你不愛她時，只會覺得她煩。

她愛你時，才願意對你傻；她不愛你時，比你媽都精。

沒錯，好的愛情是讓彼此在對方面前當個孩子，沒有防備，無須思考，用本能相處。

戀愛談成這樣，還有什麼必要？

01

在網路上看見一個問題，標題是「女朋友不喜歡和我ＡＡ制，我錯了嗎？」

發文的男生說，自己和女朋友在國外求學，戀愛一年，同居大半年，一直很恩愛。生活方面，房租和大部分吃的都是平攤，但是女朋友和她父母一直不太喜歡這樣的做法。

為什麼呢？

因為女朋友覺得，男女生來不平等，男方需要多付出一些；女朋友的父母覺得只有多給女朋友花一些錢，才能展現男人的責任感以及對她的愛。

男生說，對於這樣的看法，他很不認同。

因為他家裡經濟條件不好，家裡賣了房子讓他讀書。媽媽有糖尿病，還為了讓他過得更舒服去外地工作賺錢。

所以他覺得父母養自己很不容易了，不想增加他們的額外負擔。

「女朋友家裡覺得我可以打工賺錢，但是學業繁重，我只想一心一意讀書。每次我和女朋友說心裡話，即使我賺了錢，也會先孝順父母，因為他們養了我二十多年不容易，她聽完就很生氣。

「我理解女朋友父母的感受，因為他們也是為了女兒好。但是我覺得誰都不能改變我的主意，一個男人頂天立地，孝順父母應該時刻放在首位，父母也是我求學最大的動力。我錯了嗎？」

02

這篇文章槽點太多，我居然無從吐起，總之看完後我的感覺就是窮就別戀愛了。

看起來蠻孝順的吧？一個男人頂天立地，因為父母很辛苦，所以不能把錢花在女朋友身上。

可我想問問這位男生：

你家經濟條件不好，父母還賣房讓你外出求學，母親有糖尿病，為了讓你改善生活都能帶病工作，但你因為「學業繁重」，所以不能打工賺錢……

哪一點表現了你的孝順？嘴上嗎？

平時房租吃飯一律平攤，說賺錢以後要先孝順父母，因為「他們很辛苦」，好像未來女朋友就活該賺錢幫別人養兒子。

哪一點表現了你對女朋友的愛？也是嘴上嗎？

不提他用孝順父母來掩飾自己摳門的行為有多噁心，也不提他嘴上愛別人的做法有多虛偽。

今天我們就來聊聊：談戀愛到底該不該AA制？

03

試想一下這樣的畫面：你和對象高高興興地出去約會。吃了大餐，氣氛很美好。酒足飯飽以後，你倆摟著出門，上一秒還情意綿綿的他突然開口了：「剛剛吃飯花了一千元，一人五百。你待會兒記得轉帳給我。」

你會不會頓時跟吃了蒼蠅一樣噁心？

吃完飯，你們搭計程車去看電影。你還沉浸在剛剛的噁心中回不過神，下車以後他又開口了：「計程車費一共九十元，你給我四十元就好了。」

這免掉的五塊錢代表了他對你的愛，他真的很「慷慨」。

進了電影院，你已經想回家了，不，嚴格來說你都想分手了。

他買了票過來，說一共四百元，電影算我請客，你去買爆米花吧。

你看著他上下翻動的嘴唇，覺得他好像變成了一個大型的計算機，上面不停地變幻著各種數字，那是你們斤斤計較的「愛情」。

然後你伸出手按了一個鍵，有個女聲說道：「歸零。」

此刻，你們斤斤計較的戀愛也歸零了。

你們知道的，網上有很多這樣的文章。

「男朋友不願意花錢在我身上，他還愛不愛我？」

「對象一直和我ＡＡ，是不是小氣？」

「生日沒收到禮物，要分手嗎？」

我一直相信一句話，愛就是一種本能。

愛是「不計算不衡量不斤斤計較，彼此都想為對方付出一切」。

愛是「即使你想要天上的星星，我也會努力想辦法摘給你」。

愛是無論如何，無論你做任何事，都只是想看到對方開心的笑。

愛是「我也不知道為什麼，就是想給你錢花」。

要是在一起的時候，不是看著對方由衷地想微笑，而是在說愛你的同時，在心裡算著剛剛那頓自己出了多少，你又該付多少，還非要把這種關係粉飾成愛情，也是有些可笑。

我想很少有女孩談戀愛是想掏空對方。真的喜歡你的人，根本捨不得讓你花錢。而如果你真的愛她，也不會每天衡量著自己出了幾個錢。

所以，假如有人問我：鈴鐺，我用力地對人家好，花了不少錢，而對方是那種連五元都跟我要的人，怎麼辦？
我的回答是：讓他滾。

刀子嘴不是豆腐心，刀子嘴就是刀子心

01

你見過的說話最惡毒的人是什麼樣的？

我和彥祖一起去爬山，在山腳下一家店裡吃東西。小店不大，但圍坐的人很多，彼此的距離也很近。

當時我們隨便找了個座位坐下，對面突然來了一對情侶，看起來像大學生。

一開始我沒太注意他們，只是埋頭猛吃。

後來我隱隱約約聽到兩人在小聲爭論，大概內容是男生借了點錢給朋友收不回來了，女朋友很生氣。具體的我也沒仔細聽。

一開始，男生還陪著笑臉，偶爾回幾句。

後來女生情緒越來越激動，男生就開始不說話了。

這時候我好奇地豎起了耳朵。

男生的沉默好像更加觸怒了這個女孩。

她越來越暴躁了，壓低了聲音罵了男生一句。飽含憤怒的語句中間還夾雜著一連串人身攻擊。

雖然聲音不算大，但周圍的客人應該都聽到了。旁邊有人頻頻側目，而坐在他們正對面的我，當時感覺自己的冷汗都要滴下來了。

我偏了偏頭，跟彥祖交換了一個震驚而恐懼的眼神，當然我眼中更多的是迷茫：怎麼就罵起來了？

我抬頭瞄了一下，男生黑黑的、瘦瘦的，臉上看不出表情，正一言不發地用筷子挑著粉絲。那些髒到我都聽不下去的髒話，他好像一句都沒聽見。

我努力去體會他的心情。他應該是又尷尬又難過吧，只是殘存的體面讓他不知道該怎麼反擊。

我本來以為隨便罵幾句就算了，男的大概也是這麼想的，才一直保持沉默。

沒想到女孩根本沒有停下來的意思，不僅越罵越大聲，還伸手去推打他。

男生終於耐不住了，低聲說了句：「你能不能閉嘴，我都吃不下了。」

女生回答：「你吃不下就別吃。」

過了幾秒，她可能覺得還沒消氣，又補了一句：「你不吃就給我滾！」

男生一言不發，把筷子一放，站起身就走了。

我和彥祖直接嚇呆了，跟兩隻小雞一樣，吃東西的速度都快了一倍。

男生走了以後，女孩開始看著那碗泡脹了的粉絲發呆。慢慢地她開始抽噎，用衣袖不停地擦眼淚。我當時覺得她很可憐，但更多的是暢快。不是你叫人家滾的嗎？人家真的滾了你為什麼又哭了？

吃完出門以後，彥祖說她是刀子嘴豆腐心。

我撇撇嘴，所以呢？她男朋友就活該在公眾場合面子掃地嗎？

沒人關心刀子嘴傷害了別人以後，自己有沒有心碎。畢竟當你看起來像個一點就著的炸藥桶時，誰都不會心疼你的眼淚。

02

身邊一個好朋友的媽媽，是個傳統觀念裡賢慧能幹的家庭主婦。

她做事俐落，任勞任怨，不怕吃苦，人人誇讚。

朋友生完寶寶以後是全職，她媽媽偶爾還會來幫她帶帶孩子（平時在她哥家帶大孫子），但朋友絲毫不感激她，還得了產後憂鬱症。

為什麼？我大膽摘抄幾句她媽媽的經典語錄。

1. 你讀大學有什麼用呢？還不是在家帶小孩。
2. 賺不到錢還要靠老公養，我怎麼會生出你這種廢物？
3. 不看看自己胖成什麼樣子，你老公早晚會出軌。
4. （某天買菜忘了買她交代的想吃的菜）你就是故意的，我怎麼養出你這麼自私的女兒？
5. 你都三十多了，還沒什麼出息。你看看××家的女兒……
6. （只要回嘴一句）你脾氣怎麼這麼差，你怎麼這麼不孝，我當初就應該把你送給別人養。
7. 我是為了你好才跟你說的，別人不會（敢）跟你說這些。

我寫在這裡大家看了可能不覺得多有衝擊力，但你把這些話循環播放三十年看看。折磨你的還是你的親生媽媽。你很痛苦，但又離不開。

朋友很多次聽了這些話都直接情緒崩潰了，控制不住地摔東西發火，用頭撞牆自殘。看到朋友瘋了，她媽又怕了，嘟囔著她怎麼這麼玻璃心，說自己打擊她是為她好，是為了激勵她上進。

每每這時，她爸爸也會搬出那句耳熟能詳的洗腦名言：「你媽刀子嘴豆腐心，都是為了你好，她心地善良只是不會說話。」

聽到這句我腦海中閃過這樣一幅畫面：

我走在大街上好好的，突然有不認識的黑社會衝出來砍斷了我一條腿，我全程一頭霧水，抱著腿哭號，找不到機會開口。

突然這位兄弟停下了動作，仔細地看了我的臉五分鐘，然後抱歉地說，對不起，我砍錯人了。

不是故意的就能得到原諒嗎？

那我的腿又做錯了什麼？

活到這麼大歲數，「刀子嘴豆腐心」一定能排上我最討厭的洗白言論前三名。

刀子嘴真的是豆腐心嗎？

不是。

在我看來，大部分刀子嘴其實都是刀子心。

偶爾發生一兩次也就算了。

常年如此，**對方就是為了逞一時口舌之快，就是為了自己爽，根本沒有考慮聽的人的感受。這是自私的人口不擇言甚至故意攻擊你時，為自己找的開脫的藉口，甚至是免責聲明。**

我們經常聽見別人說某某人不壞，只是說話不好聽。

開口就是惡毒的話還不壞，你把好好說話的人放在哪裡？

嘴巴那麼毒，真的很難讓人相信他的心能有多軟。

惡意都能包裝成直率，這對溫柔多不公平？

我也嘴笨腦子直，也會說錯話得罪人，但只要發覺別人不開心了，我一定會道歉並且改正錯誤。

這是正常人應有的舉動吧？

至於那些整天把人身攻擊當成玩笑的，侮辱了你還用「為你好」來粉飾的，開口就給你貼壞標籤潑髒水，你不高興了還說你小氣的，別懷疑了，他們不是什麼刀子嘴豆腐心，他們就是單純的壞。

他們把自己內心無法消化的惡意，一股腦傾洩給你，把你當情緒垃圾桶，他們在別人那裡受了氣，就出氣在你身上。

你也不要覺得對親近的人口不擇言就是能夠被理解的。正因為他們愛你，才會被你傷害。

但一個人被傷害得久了，也是會有自我保護機制的。

他的辦法就是遠離你，無論是生理距離，還是心理距離。

到時候你怎麼挽回都來不及了。

「夏天的棉襖，冬天的蒲扇，風雨後的雨傘，心涼後的殷勤，就算得到了，也失去了原本的意義。」

分手之後才知道，原來還有這樣的戀愛

01

跟朋友栗子吃火鍋。她翻動了半天碗裡的肉，突然悶悶地說了一句話：「鈴鐺，我分手了。不是他出軌了，也不是他摳門小氣，而是他『太有原則』了。」

我一臉茫然：「你開玩笑的吧？這也能成為分手的理由？」

栗子聲音悶悶的：「剛開始我覺得他是個很有原則的人，後來我才知道他的原則是用來約束別人的。

「你知道嗎？上週我們倆吵架了。我還在一邊生悶氣，他居然直接跑到旁邊打遊戲了，好像完全沒有受到影響，還蹺著二郎腿抽菸哼歌。不知道你有沒有體會過一拳打到棉花上那種使不上力又沒地方發脾氣的感覺。當時我就覺得自己的腦袋如同一個燒開的水壺，在嗚嗚地往外冒煙。我立刻衝過去砸了鍵盤，跟他大吵了一架。」

栗子眼睛有點紅：「吵完我就哭了，因為我實在很委屈。我就說，其實很多時候你哄我一下就行了，是什麼嚴重的事嗎？你猜他說什麼，他說：『我從小到大都沒有主動示好的習慣，我不會哄人不會安慰人。我就是這樣的人，你第一天認識我？』

「他說得好像我從小就習慣了向別人示好似的。誰又不是小公主了？為什麼每次都是我先低頭？」

還有，栗子平時沒什麼愛好，就是喜歡去電影院看電影。她每次都叫男朋友陪自己去看電影，但兩人在一起好幾年了他沒一次願意。每次他都說不喜歡，為什麼要逼我？

「這真的有點可笑，難道我就喜歡看球賽嗎？我就喜歡看他的一群哥們喝酒吹牛嗎？還不是因為他喜歡，我才努力地想融入他們想瞭解他們？」

栗子說著說著就開始掉眼淚。我手足無措地遞了一張面紙給她，她接過面紙抽抽噎噎地繼續說道：「最重要的是談戀愛到現在，我一次都沒有碰過他的手機。我不是不想，而是不能。每次拿起手機，他都會遮遮掩掩的，轉過身解鎖。我偶爾撒嬌問他密碼，他都會發脾氣，說每個人都有自己的隱私，不讓任何人碰手機是他的原則。他就是這樣一個人，不會為任何人改變。

「這時候我總會懷疑，他到底愛不愛我。他如果真的愛我的話，哪來這麼多的原則？」

02

我想，不少女生應該都有過這樣的時刻。

說好的約會因為加班被取消了，吵架後對方從不會主動示好，異性朋友一堆還覺得這是正常交友，不願意取悅你因為他「不會哄人」。

誰好意思為難人家呢？不然就落了「用愛來道德綁架」的把柄。

「我沒有發文曬恩愛的習慣」、「我不喜歡旅遊只想宅在家裡」、「我不會因為女朋友而放棄紅顏知己」……你也不能不高興，因為「如果你喜歡我，為什麼要逼我」、「我就是這樣的人，你又不是第一天認識我」。

這樣一段如此堅持自我的戀愛，我不懂它的開始有什麼意義。你這麼不願意為別人改變自己，可能你還是更適合和自己的靈魂在一起。

在愛情裡太講原則的人，都顯得不那麼體貼。愛情本來就是一件沒那麼理性的東西，那諸多原則，不過是仗著對方不會離開，所以自私懶惰到不想用心而找的理由。

這樣的時刻多了，你自然覺得心越來越冷，看著他覺得他越來越陌生，也感受不到一點他對自己的在乎，你只是在演獨角戲，在無窮無盡地單方面付出。

要知道，離開從來不是蓄謀已久，只需要每天的一點點冷，開心的時刻報以冷淡，熱情的時候報以冷漠，傷心的時刻回贈冷暴力。

感情裡最讓女生心冷的，就是我為你改變了全部，你卻不願意遷就我半分。

03

一段失敗的戀情最可怕的，就是摧毀了一個人的自信。

栗子也一度自卑，懷疑是不是自己不夠好，所以才不值得他遷就自己，為自己受委屈。

可當她真的分手了，找了新男朋友以後才知道：有時候不被溫柔對待，並不是自己的錯。可能只是對方不夠愛不懂愛，或者不適合自己。

這一次，她再也不會因為逛街跟男朋友吵架了。因為這個男生會坐在商場的椅子上，笑著對著試衣間裡的她擠眉弄眼。她也不會再為生氣吵架了誰先低頭而煩惱，因為鬧不到五分鐘，看到他湊過來的鬼臉她就會破功。

他會說女孩不能喝涼的，要懂得養生，所以每天早上，他都會提前十分鐘起床，為她倒一杯溫熱的蜂蜜水；每天晚上，他也會沖好一杯助眠的熱牛奶，再強迫她喝掉。

她再也沒有以前那種張牙舞爪、怨氣沖天的樣子，變得溫和、淡定，眼角眉梢裡都是暖意。

她更加溫柔，也更加體諒對方了。逛街可以和閨密去逛，但是她需要知道對方是願意為自己付出時間成本的；吵架也可以自己先低頭，但是她需要知道對方是在乎自己的。

一段好的戀情，從來都不是充斥著「各種原則」。那些都是藉口，都是掩蓋自私和不夠愛的藉口。

「分手之後，我才知道原來還有這樣的戀愛。可惜我後來才發現，這些我曾經以為的奢望，不過是感情裡最簡單的要求罷了。」

愛就是貪癡嗔傻瘋，太多原則，愛會稀薄很多。畢竟比起對方，你的感受更重要。可兩個人在一起，除了成長，最希望的不就是愛的人開心嗎？

愛從來就不是兩個正方體互相取暖，而是我們彼此都削掉稜角，變成一個半圓，再合在一起，湊成一個完整的圓。

我想愛情的意義就在這裡，總會有一個人的出現打破你的原則，改變你的習慣，成為你的例外和唯一。

考完大學說分手

01

「分手吧。」

聽到這句話的時候，秋秋正穿著薄睡衣，在寢室門外的走廊裡徘徊，因為怕打電話吵到室友。

她的臉緊緊貼在已經發燙的手機上。明明是熱得睡不著的夏夜，她卻如墜冰窟，渾身瑟瑟發抖。

她疑心自己聽錯了，聲音發顫地再問了一次：

「你說什麼？」

那邊的人沉默了，好像沉默了一個世紀那麼長，之後卻更篤定了：「我說，我們分手吧。太遠了，我只想要個能陪在我身邊的人，我真的累了。」

電話那頭的是她的男朋友，現在，已經是前男友了。他們從高一就在一起了，高三那年，他們曾約定報考同一個城市的大學。就因為考試時看錯了一道題目，她與第一志願失之交臂。

他和她分別去了一南一北的兩所大學。之後兩人分別入學、新生訓練，認識不同的新同學、新朋友。

人的心態總是會變吧，大學生活真的和高中苦行僧般的生活不一樣。喜歡的人不在身邊，陪伴的機會少了，感情自然就淡了。

誰不會這樣呢？

最需要照顧的時候，陪在他身邊的不是她。快樂需要分享，悲傷需要撫慰的時候，陪在她身邊的也不是他。搖搖欲墜地支撐著兩個人的，只有那點翻來覆去咀嚼的回憶。總有一天，他們也會沒了話題啊。

所以跟每對遠距離戀愛的情侶一樣，他終於按捺不住先提了分手。好在他還是那麼坦誠，起碼沒有因為害怕輿論，而選擇用冷暴力結束這段感情。

秋秋毫無招架之力，甚至連挽留的勇氣都沒有。因為她也早有預感，總有一天兩人會分道揚鑣。

她掛了電話，聽見心在胸腔裡碎掉的聲音，然後回了訊息：好。

你問後來怎麼了？當然是她有了新的男朋友，聽說他也有了女朋友。

「讀書的時候，老師總對我說，考大學是決定人一生的分水嶺。我那時候不信，覺得他說得很誇張，可是現在我信了。」

「如果我當初做對了那道題目，現在陪在你身邊的，會不會是我？」

02

五年之後，小越都還記得大考前最後一次早自習的情景。

那時候大家好像都沒什麼學習的心思了。很奇怪，好像越臨近那場決定人生的考試，大家越不懂什麼叫緊張。班上有嗡嗡的說話聲。

靠窗坐的她和鄰座同學，趴在堆得幾乎比人還高的書本後，隔得很近地在講悄悄話。

他瞇著眼，在說自己打算考完大學以後去旅遊的事情。她也瞇著眼，出神地看著喋喋不休的他。

後來的五年裡，她再沒見過那樣的陽光。那陽光像瀑布一樣從窗外傾瀉進來，亮得她晃了神。她呆呆地看著他臉上金色的絨毛，還有他往外冒頭的稚嫩鬍渣。

她突然有點想哭，為這個喜歡了三年的人，為那個提不起勇氣表白的自己。

她知道他的一切。他喜歡 Beyond，偶像是C羅，生日在冬天，住在兩邊種滿梧桐樹的街。暗戀這個秘密，不知是幸運還是不幸，他從未察覺。

我那麼喜歡你，卻只能絕口不提。

你不知道，學生時代的喜歡是多珍貴的東西。那種酸甜苦澀，只有青春裡的人才知道。經歷過那幾年的沉默不語，我們都學會了喧囂，學會了厚著臉皮。

有人說，最心酸的，莫過於制服是我和你穿過的唯一的情侶裝，畢業照是我和你唯一的合影。最心酸的，莫過於為了能擁抱你，我擁抱了整個班級的人。

從此以後，山高地遠，從此以後，不復相見。

「如果當初在畢業前，我有勇氣說喜歡你，那麼現在，我是不是就不會那麼後悔，也不會那麼遺憾了？」

在小東和晴子的故事裡，誰也沒先說出那句「再見」。

他們彼此漸行漸遠，心照不宣。

高一，小東向晴子表白了，用了半個月的積蓄買花和蠟燭。晴子紅著臉點頭，他抱著她轉了十幾圈。

高二，晴子和小東約會，被班導師抓到了。班導師說小東帶壞了晴子，要告訴他的家長。晴子哭著去求情，發誓自己成績不會退步。

高三時，他們倆在午後無人的教室裡，聊了許多以後。晴子眼睛發亮地說，我們以後要把房間都塗成我最喜歡的天藍色，再生兩個孩子，再養一隻狗。

小東總微笑著，也不說話，只是摸摸她的頭。

因為他明白，以兩個人成績的差距，他們不知道還有沒有以後。

現實總是殘忍的。

考完大學之後，晴子如願上了第一志願。小東呢，不管之前再怎麼死命地趕，羅馬也不能一日造成。他的分數慘不忍睹，只好留在家裡找了份清閒的工作。

後來的情節，大家都能猜中。一個在大城市揮灑青春，一個在小城鎮混沌度日。兩人的想法差距越來越大，共同語言越來越少。

晴子也努力過。一開始，她每天打電話給他，說學校裡的趣事、新認識的朋友。小東卻敷衍著，自尊心慢慢被消磨掉。

他覺得自己沒用，再也配不上她。一個是光芒四射的名校大學生，一個是高中學歷的打工仔。

何況他有什麼能和她分享的呢？除了庸俗不堪的同事，就只有疲憊至極的生活。

有句話是這樣說的，「如果你無法滲入她的生活，那麼你就會慢慢淡出她的生活」。

小東想，大學裡的男生和自己一定不一樣吧？他們更有前途更有內涵，和她更有共同語言。他們可以一起去學生餐廳吃飯，一起去圖書館自習，一起去約會，相互陪伴。

她那麼優秀，而我呢？我只能厚顏無恥地說，我有一顆愛你的心。

愛能當飯吃嗎？

後來，小東開始慢慢地不接晴子的電話，不回訊息，好像消失在她的生命裡了。

她也歇斯底里過，可是有什麼用？她也有自己的課業、自己的生活。

慢慢地，她也不再找他了。

半年後，當小東加了一天班，回到窄小的屋子裡，泡好麵時，看見晴子在社交平台上分享了她和一個男生的合照。她笑得那麼甜，跟當年在高三教室裡的她不差分毫。當時他哪裡想過，這樣的笑也會屬於別人？

「我們以後要把房間都塗成我最喜歡的天藍色，再生兩個孩子，再養一隻狗。」

他轉頭看了一眼旁邊粉刷成天藍色的牆壁，突然喉頭一哽，鼻子發酸。

「如果我當初能再努力一點，多為彼此想想以後，那麼我們是不是就不會走到今天？」

後來我在網路上看到這樣一段話。

大學考試的吊詭之處不在於如願以償，而在於陰錯陽差。

如果那年，我們多對或者多錯兩道題，那麼現在會不會在不同的地方，認識完全不同的人，做著完全不同的事？

我們總會做這樣的假設：

如果當初我選擇了表白，之後和你在一個城市，我們會不會走到一起？

如果我能努力一點，努力不被你甩太遠，是不是我們就不會分手了？

如果當初我放棄了那所喜歡的學校，會不會我們的孩子都出生了呢？

如果當初我少做了兩道題目，你的新娘會不會就是我？

但是人生，哪裡有那麼多的如果？

我們從不知道自己的每一個選擇，會帶來怎麼樣的蝴蝶效應；也不知道自己走的每一步，會招致什麼樣的結果。

也許，即使大學在同一個城市，彼此還是會因為周遭的誘惑而分手。

也許，即使當初少做了兩道題目，你還是會喜歡上別的女生。

也許，即使沒有大學考試這個東西，我們也會因為其他的事情而分道揚鑣。

年少時的感情，純粹，不摻雜任何利益。但就因為它純粹，才容易被現實擊碎。

後來我們再也不會有這樣的感情了。那種朦朦朧朧的愛戀，那種奮不顧身的感情，那份為了對方願意壓上前途的衝動，那時的我們義無反顧，像個沒有智商的傻子。

那種感覺，只有十八歲的時候才會有。

出了校園，我們才知道世界那麼大，大到我們再也沒法遇見。

可是不管怎麼樣，我們都要往前走啊。我們跳上那列向前疾馳的列車，連聲再見都來不及說，只能在心裡默默地說一聲：謝謝你，謝謝你來過，謝謝你在我最美好的時光裡，陪伴過我。

閨密一直碰壁，怎麼辦？

01

我的封鎖名單裡，靜靜地躺著一個人。

她曾經是我無話不談的朋友。

那年她又一次打算從新公司離職。公司主管本來對她不錯，後來卻不知道怎麼的開始找她麻煩。

此前她已經換過三份工作了，每次都以不歡而散告終。

她怒火中燒地傳訊息給我時，我正在趕一份很重要的稿子。但看她情緒激動，我還是放下手頭所有的事認真聽。

她終於說完了，我逐字逐句地看了聊天記錄，開始替她仔細分析：為什麼主管會對她產生意見，她工作中還存在哪些問題，做事風格有哪些缺陷。

我以為自己在掏心掏肺，沒想到螢幕那邊的她勃然大怒。她覺得我是在她傷口上撒鹽，明知道她很受挫還在挑她的毛病，便開始口不擇言地撂狠話。我也怒了，我放下所有事情試圖幫你分析和解決問題，你怎麼不識好歹，反而生我的氣？

一番激烈的爭吵後，我終於崩潰，把她封鎖，隨即大哭一場。

資訊時代的絕交就是這麼徹底，你原本以為很親密的人，實際上只要封鎖了，從此便不會再與你有任何的交集。

幾年了，我偶爾會聽說她又換了工作，也換了城市，交了新男朋友，過得好像不錯，但我們再也沒有聯絡過。

人和人走散就是這麼簡單，有時候死心只需要一場突如其來的爭吵。

在之後很長的一段時間裡，我都會不斷地想起這個曾經的朋友，想著我們到底是怎麼分開的。

可能就是溝通不夠和認知不對等吧。

在當時的我看來，身為朋友，我有義務提醒她和勸她；但站在她的角度來看，我是在進行人身攻擊。

02

前不久，我看到這個話題：閨密碰壁，怎麼辦？

在前面的絕交事件發生之前，我一直覺得該說實話。

如果對閨密都只能粉飾太平，那這「閨密」二字的標準也太低了吧？

直到封鎖這個朋友以後，我才慢慢發現一件事：並不是每個人都能接受你的心直口快。

就像我曾經發過的這則動態：

很多人來找你傾訴，並不是為了找到多好的解決辦法，更不是希望從你嘴裡聽到指責，而是謀求認同和共鳴，以及從你這得到一點點鼓勵和溫暖。

我那位朋友真不知道自己工作上存在的問題嗎？未必。

這就像很多人談戀愛時不知道對方很渣嗎？也未必。

大家都是成年人了，不是不諳世事的小白兔，很多事情心知肚明。即使她真的不知道，這些也不是你在她最脆弱的時候能說的話。指責她可以以後有機會再做。現在她在對著你掉眼淚，你最應該做的不是給她個擁抱嗎？

身為閨密，在全世界都背棄她的時候你還在說她的不對，你到底是她的閨密還是她上輩子的仇人啊？

有些話一旦說出口，就只能被原諒，而不會被遺忘。

03

做個溫暖的人，要比做個刻薄的人難得多。

好朋友找工作碰壁，你說她學歷低能力差，不如對她說沒關係我養你。她並不會真的要你養，但女生的友誼珍貴之處就在於：敏感體貼的女孩，能給予朋友的最大的支持往往是精神上的，這樣的態度會讓對方汲取到繼續努力的力量。

鼓勵和行動上的幫助才能讓一個人進步。如果只是語言上的抨擊，你不僅沒辦法幫她建立自信，還有可能讓她一蹶不振。沒有人真的覺得自己是完美的，刻意的打擊比起幫助更像是敵意。

如果她遇到感情上的挫折，也請你先安慰她再跟她分析問題。她跟你說她分手了吵架了不是為了聽你說她哪裡不好，而是需要一個可以被眼淚浸濕的肩膀和一個貼得很緊的擁抱。

朋友是什麼呢？朋友是並肩前行卻沒有血緣關係的親人，而不是拿刻薄當直率，居高臨下的老師。

你需要做的，只是靜靜地陪在她身邊。

什麼才是真實的朋友？在鈴鐺看來，朋友應該互相取暖，在行動上幫她進步，而不是在她遇到挫折的時候，一味地說她的缺點，教她怎麼做。

我們怎麼確定自己的行事方法和看事情的角度就一定是正確的呢？你沒有經歷過她的痛苦怎麼有資格批判她？朋友之間是平等的，陪伴和鼓勵是最好的辦法。她有自己的生活，也有自己的路。

後來，我們只會在社交平台上按讚了

01

有天晚上我熱得睡不著，在床上翻來覆去。

我窮極無聊拿起手機滑社交平台，發現一個很久沒聯繫的朋友宣布自己脫單了。

「終於等到你，還好我沒放棄！」

一張張翻著她和她新男朋友的九宮格自拍照，我這張大臉都不自覺地泛起微笑。

前兩年，我跟這個朋友關係蠻好的，經常一塊逛街吃飯。自從她去了外地工作，有了新圈子新朋友，不知道是誰先疏遠誰的，我們心照不宣，聯繫越來越少，直到完全沒有。

可看到這則動態，我還是由衷地為她高興。我下意識就想留言：真幸福啊，為你高興。

可在對話框裡打出整個句子時，我又猶豫

了。

好幾年沒見面了，平時也不怎麼聯繫，這時候的祝福會不會顯得太過於突兀了？我都能想像到螢幕那邊她驚詫的表情和搜腸刮肚要如何回覆的尷尬。

算了，太尬了，我都替她感到尷尬。

糾結了半天，嘆口氣，我最後只按了個讚。

02

用社交平台這麼多年，我漸漸發現一件事。

以前我們會在上面長篇大論地用留言聊天，現在卻只會在深思熟慮之後按個讚。

有人說，這是因為好友名單越來越複雜，列表裡有越來越多的陌生人，不知道誰和誰又是共同好友，害怕隱私被窺視，乾脆就不互動了。按個讚代表我還活著，還記得你。

也有人說，因為真正的朋友都不在網路裡，按讚只是出於禮貌，用來維持表面的人際關係。現實生活中的友情不需要用網路互動來續命，生活有多精彩也從不是用有多少留言來證明的。

其實對很多人而言，按讚就好像是我們在社交網路裡溺水時抓住的最後一根救命稻草。因為這是唯一一種，不需要任何回饋來表達好感的方式。

也許你曾經在社交平台上留言給喜歡的人，幾次都沒有收到回覆。那種從忐忑、期待到有點失落的心情你再也不想有了，但你還是像仰望太陽一樣地看著他。

所以之後，你就只敢默默地按個讚。

也許你曾經在社交平台上留言給自以為關係不錯的朋友，卻發現對方跳過你直接回覆了別人。你會不解、懊惱、失望、生氣、難過，暗暗發誓以後再也不要理她了，卻還是在她下一則動態下心軟地按了個讚。

也許你曾經留言給新認識的好友，想拉近關係，卻發現過了很久對方也毫無反應，那一則留言就好像投進湖中的石子，竟沒有激起一絲波瀾。你覺得窘迫難堪，甚至厭惡起有些諂媚的自己，卻還是在偶爾刷到她有趣的動態時，樂不可支地按了個讚。

因為按讚是單向社交，留言卻要等待回應。這種霸道總裁式的「已閱」，幫臉皮薄的我們保留了一絲體面。它裡面藏著許多話：我關心你、我記得你、我在乎你、我喜歡你……唯獨沒了當初留言的積極和勇氣。

那句話是怎麼說的？

沒人喜歡孤獨，不過是受夠了失望罷了。

所以當一個人頻繁地按讚的時候，你可能不知道他從按讚到回應留言累積了多少勇氣，也不知道他從回應到按讚經歷了多少失望。

感謝按讚這個偉大的發明，可以讓人卑微又驕傲地表示「我喜歡你」。

我再也不用害怕自己的殷勤給你造成困擾了，也不用害怕面對收不到回應的失落，更不用害怕面對你只回應別人的丟臉。

畢竟字斟句酌了很久的留言發出去後，卻一直沒有任何回音，那種感覺不亞於被扒得精光，赤身裸體地站在人潮洶湧的大街上。

要是我遇到了這種事，我會在一個夜深人靜的晚上，偷偷摸到對方的帳號頁面裡，找到那則留言，再咬牙切齒地把它刪掉。

為什麼後來我們只會在社交平台上按讚了？

也許我們不光是懶，怕麻煩，也不光是因為朋友都從社交網路裡一個個消失了。

也許我們只是意識到，那些你篤定自己留言了對方就一定會回應的人，已經越來越少了。

請珍惜那些只會在社交平台上按讚的朋友。

他們如果不是社交達人按讚狂魔，就是在乎你，卻有一顆敏感脆弱的害怕受傷的心。

你有沒有等過一個人的訊息？

01

你有沒有等過一個人的訊息？

一開始，你拿著手機不停地刷新，看一萬遍他的社群頁面，不敢打電話，怕他在忙，也怕他覺得你太黏，也不想傳訊息，因為每次都是你主動。

偶爾訊息來了，即使正在洗澡，你都會濕漉漉地跑出去，擦乾手拿起手機看一眼。可是每一則訊息都不是他傳來的。

你也不是沒有抱怨過，為什麼你們一天都不會相互聯繫，他很不耐煩地回答，感情不是靠傳訊息打電話證明的。

後來，你學會了實在想念他的時候就死皮賴臉，還能忍耐的話，就自己熬過獨處的時光。

當他不理你時，你甚至會刻意努力讓自己忙碌，因為這樣你就沒空想他，也沒空看手機了。你受夠了每次打開社交軟體時都收不到他的訊息，也受夠了胡思亂想，猜測他正跟哪個女孩開開心心地在一起。

他不找你不是因為他忙，而是因為他也在和別人聊天。

他不找你也不是因為他不喜歡社交軟體，他其實時刻都線上。

這就是很多女孩在戀愛中的狀態——雖然喜歡你，可是我真的好累。因為主動的一直是自己。

那我還要不要繼續喜歡你？

02

小月說，她就談著這樣一段戀愛。

剛在一起的時候，她每天都非常開心，一個小時沒見面都會瘋狂地說想念，甜言蜜語就是每餐的飯後甜點。可是後來，這段戀愛卻讓她越來越累。

「現在總覺得他沒那麼喜歡我了。找他約會，他也會出來，但是他從來不會主動約我。傳訊息給他，他也會回，但是他平時就算是打遊戲也不會找我說話。送他禮物，他也會收，但是他從不會主動準備驚喜。太常找他了他還會嫌煩，說我造成了他的負擔。」

「有時候我甚至覺得，自己對他而言，就好像是他無聊時候的消遣，最好他需要時就出現，他不需要時就消失。之前他不是加班嗎，我看他總是沒時間吃東西，就經常做好飯送去給他。想他的時候，我也會去接他下班，順便看他一眼。這在戀愛裡應該是很甜的舉動吧？但他居然說我能不能讓他一個人待著，別老是去煩他！

「問題是如果我不去找他，他也不會來找我啊！我只能忽略他的被動，靠用力燃燒自己去維持這份感情。有時候我都會想，如果有一天我決定不主動了，我們可能就會分手吧。」

一段很累的戀愛是什麼樣的呢？

是你發現這段關係，永遠需要你主動維持才能繼續下去。

發生矛盾了，永遠是你主動示好你們才會和好。

普通的要求竟也需要你撒嬌任性，才能得到滿足。

爭吵冷戰，一鬧就是一兩個月，磨合不了。

你為了趕走他身邊的鶯鶯燕燕心力交瘁。為了讓他能多體貼你一點，你歇斯底里，像個路邊的乞丐，乞討他施捨給你一點點的愛。

百般遷就的永遠是你，堅持「原則」的永遠是他。

你為了他丟掉自尊，丟掉矜持，丟掉原則。與其說是在談戀愛，反而更像在伺候老佛爺。可即使你一步步退讓，他也依舊畫出無數不讓你跨越分毫的底線。

感情在一次次的疲憊中被一點點消磨掉，到最後相處居然比做工還累。好好的一段戀愛談成了你心裡的一場拉鋸戰，大家就這樣玩著「誰更喜歡誰，誰就輸了」的遊戲。

03

後來呢，有些人在筋疲力盡時先離開了，為了保命。

可是因為之前耗費了太多的元氣，他們再沒有勇氣觸碰感情了。

有些人就算奄奄一息也不想放手，因為執念。

但這就像兩個人拉著同一根緊繃的橡皮筋，誰後鬆開，誰就會痛。

最可惜的莫過於什麼？莫過於在青春耗盡的前夜，因為愛上錯的人，對愛情的憧憬和美好記憶都灰飛煙滅了。

所以，什麼樣的戀愛一定要分手呢？

如果是那種讓你覺得心累多過於幸福的感情，不如就放手吧。

一段應該放下的感情，就是不管怎麼樣你好像都只能感覺到自己，就好像交朋友永遠是你在結帳，出去玩永遠是你在操心。

對的關係，也許一開始會很累，但越往後，一定會讓你覺得越來越輕鬆。

就像一雙品質很好的新鞋，也許剛開始你會覺得有點磨腳，但它一定是越穿越舒服的。

它不會讓你有患得患失的不安全感，不會讓你處於彷彿沒有盡頭的冷戰與爭吵中。它不會讓你跟他暗地較勁：誰付出多一些，誰聯繫少一些。它更不會讓你努力找一切他愛你的證據，讓你從細節上試圖說服自己，讓你努力洗腦自己：他只是內向，只是慢熱，只是不懂得怎麼愛人。

因為愛這種能力天生可習得，就連三歲的小孩都懂得用棒棒糖討好喜歡的女生，喜歡你的時候就想要黏著你求抱抱。他又不是沒有心，怎麼會不知道？

他不是不主動，只是他的主動不是給你的；他也不是不喜歡你，只是比起取悅你，他更愛自己。

你這樣，這輩子別想結婚了。

01

前幾天有讀者跑來問我：「鈴鐺，我覺得你和彥祖太幸福了。我每天看你的社群帳號，覺得你們的婚姻簡直是我夢想中完美的婚姻。可我男朋友好像不適合當老公，對我一點也不好。我們老是吵架。他不陪我逛街，也不買包給我。你說，我要不要和他分手？」

聽完後一臉茫然的我，這時才發現，經常曬恩愛的我，造成了大家多大的誤解。

婚姻應該是每天你儂我儂、男耕女織、情意綿綿、繁花似錦嗎？你要是真這麼想，大概這輩子都很難結婚了。

吵架就一定要分手嗎？

首先，大家不要對戀愛和婚姻有太高的期待。

有句話是這麼說的，「在這個世界上，即使是最幸福的伴侶，一生中也會有兩百次離婚的念頭和五十次掐死對方的想法。」

你覺得所有人的戀愛、婚姻都比你幸福？那是因為人家吵架了不好意思發動態罷了。

就拿我和彥祖來說吧，我們平均三天要吵一次，五天要幹一次架，一個月我要號啕大哭一次，兩個月他默不作聲衝出家門一次。

剛開始戀愛的時候，我覺得天都要塌了！天啊，我們居然會吵架！我們之間的愛情消失了嗎？我們要說掰掰了嗎？

可是十年過去了，現在的我已經無比淡定了。每次吵完以後，我覺得肚子餓了，抹一把眼淚問他，要出門吃宵夜嗎？因為我們心裡都知道：吵架也是一種溝通。要知道隱藏在狠話下面的，都是平時說不出的心情。

很少有夫妻是不吵架的，摩擦是人生的常態。還能吵起來，是因為你們還在乎彼此。

最重要的是，即使鬧彆扭一萬次，我還是想要和他在一起，因為開心的日子多於不開心的日子，這就是愛情。

02

你真的像你想像中的那麼優秀嗎？

「他沒多少錢，也沒房沒車，我覺得他配不上我。」

「她不好看，沒有大胸細腰，比我前女友差遠了。」

每次看見這樣的言論，我都會翻個白眼，誰談戀愛不是看對眼了才交往呢？你裝什麼腔作什麼勢？

有句話說得蠻對的：一段關係之所以能確定，一定是彼此實力不相上下，沒有什麼高攀低就。

不然，你們早分手了。

戀愛、結婚又不是濟弱扶貧，即使是看起來實力再懸殊的伴侶，也會在某個你看不見的地方達到平衡。

而且**很多時候，在一段關係裡快不快樂，不僅取決於你找了個什麼樣的對象，也取決於你是個什麼樣的人。**

我見過在大街上被男人甩耳光的女人。她看起來很可憐吧？如果沒有看見前半段，她罵男朋友的媽媽是個白痴，還對他拳打腳踢的，我也會很同情她。

愛情和婚姻，考驗的也是對人際關係的經營。

有種人就是能勾出伴侶心中隱藏的陰暗面，可能是因為她咄咄逼人，可能是因為她懦弱可欺，可能是因為她懷揣著一顆聖母心，覺得每個浪子都會被自己拯救，自己永遠是最幸運最特別的那一個。

如果每次遇見渣男的都是你，那麼到底是誰的問題？

03

人性很複雜，看人永遠不要只看一面。

人有絕對的好與壞嗎？不一定。

就拿男人來舉例子：今天你看見他在飯桌上餵我吃菜，就覺得他是個難得一見的好丈夫，要把他供起來；明天你看見他和我吵架轉頭就走，就覺得他是個絲毫不心疼人的渣男，要遊街示眾。

這樣是不是太武斷了？

一輩子很長，一件事、一句話不能代表任何東西。每個人都有失控、偏激、情緒低落的一面，也有積極、搏好感的一面。用這些來定義一個人太狹隘了。

如果你希望有一個對你百依百順的伴侶，每天都過得好像在遊樂園裡一樣幸福，除了把對方丟掉，那你只能永遠談戀愛，永遠在找下一個人。因為沒有人能滿足你的需要（除非你有用不完的錢給他花）。

喜歡一個人，就一定要相信和包容他，也要接受生活中有不開心的一面。要想長久地相處，就不可能永遠都處於熱戀期。

你不是高高在上的王子公主，沒人有耐心有義務一直餵你吃糖。

對方不完美你就要分手嗎？不滿足你的需求就是不愛你嗎？

這是不成熟的人獨有的戀愛邏輯。

好的愛情，從來不是 1+1，而是 0.5+0.5。

學會接受不十全十美的自己和不十全十美的伴侶。

學會接受要契合得好，總要削掉一部分的自我。

她不愛你，也許就是愛情最美好的樣子

01

寫這個故事的初衷，是前幾天，我看見我的一個朋友在社交平台上低價拍賣二手傢俱，以及為了結婚她精心裝潢的房子。

我很震驚，因為那是一對大家公認的神仙眷侶。

女生就是這個朋友，叫餃子，臉圓圓的，長得很可愛，性格也很好，反正我從沒見她發過脾氣。

男孩子叫花卷，雖然長得看起來就讓人不放心，卻是我見過的男生裡為數不多的深情之人。

每次聚會吃飯，花卷全程為餃子添飯夾菜，兩人竊竊私語。

大家一起玩遊戲，花卷從始至終眼神黏在女朋友身上，目不斜視，其他異性對他來說都是空氣。

彼時，他倆在我眼裡，用一句最俗氣的話來形容，大概就是「愛情最美的樣子」吧。

之後幾年，我們聯繫得並不多，但我偶爾也在社交平台關心他們的動態。

兩人一起養了兩隻貓，一起努力貸款買了一間房子。房子裡都是餃子喜歡的布置，從窗簾到床都是粉紅豹花樣。

兩人手牽著手頭抵著頭拍照，一起度過春夏秋冬，社交平台上經常更新甜甜的內容，讓人看了都忍不住嘴角上揚。

後來我也從朋友口中聽說，一開始花卷家裡不太同意他們在一起。花卷還為了女朋友跟父母大吵了一架，斷了聯繫。他父母無奈，只好接受這個未來的媳婦。

我一直以為他們是要結婚的，畢竟花卷看起來那麼喜歡這個女孩。

結果沒想到，他們乾脆俐落地分了手。

02

我找餃子的朋友打聽了才知道：他們分手的導火線，是一個陰魂不散的前女友。

最早兩個人在一起時，這個前女友就瘋狂地打電話給花卷要求復合。求復合不成，她又透過社交平台上的蛛絲馬跡，追到了他們定居的城市，在隔壁社區租了房子。

她經常製造偶遇不說，還得寸進尺，跑去花卷的公司應徵，還成功錄取了。

但分手的真正原因，卻不是前女友的死纏爛打，而是在這期間，花卷沒有任何的反抗動作，甚至看起來很享受。

他接了不止一通求復合的電話，也沒有把前任封鎖。

每次在社區偶遇的時候，他雖然不回應前女友的招呼，但也會微笑。

前女友成為新公司的同事後，他不僅不保持距離，還被餃子不止一次地發現下班後讓前任搭順風車，工作時間他們會互傳可愛的表情圖案，他應她的要求幫她帶早餐……

兩人開始頻繁地吵架。餃子問他是不是還忘不了前任，不然為什麼不能徹底斷了聯繫，兩個人非要牽扯不清。

花卷反問，分手了就一定要做敵人嗎？難道他就不能有自己的異性朋友？

這種明顯被渣男用爛了的理由，就像通宵未歸還洗過澡的丈夫對你撒的謊，他說他只是去喝酒了，喝完跟兄弟在旅館睡了一覺。你願不願意信，取決於你還想不想維持這段關係。

自私的男人總是有很多的異性朋友。她們之中的任何一個都比另一半的地位高，她們之中的任何一個，在男人的生命裡都有優先權。

他們寧願女朋友傷心，也不願意「朋友」有一點不高興。打著朋友的旗號保持曖昧都是陷阱。進一步是你小氣，退一步你成傻逼。

原來所有人都以為的神仙眷侶，其實是花卷和前女友這對老情人。他的確深情，但他的深情不是給一個人的，他對前任心軟，其實他比誰都心硬。

只有餃子，像小刺蝟一樣，對他露出了肚皮，結果被他狠狠捅了一刀。捅了她一刀還不夠，還要在傷口上死命地轉圈，一圈又一圈，一圈又一圈。

兇手惡狠狠地握著匕首，問你知道錯了沒？你鮮血淋漓地跪著道歉，臉上還要保持微笑。

你原本以為自己拿的是女主角的劇本，演到一半你死了，才知道自己不過是個跑龍套的。

03

我已經很久沒有寫兩性文了，因為我覺得生活太嚴苛了，大家都在想著怎麼才能吃飽飯，沒人想整天看你說情情愛愛的。

但餃子的委屈讓我心裡一顫。

愛確實不能讓人吃飽飯，但開心的時候它能讓人胃口大開，多吃兩碗飯，傷心的時候它也能讓人滴水不進，再也咽不下一粒米。

人類的終極需求是安全感，是被愛。

幾年前看電影《後會無期》，裡面有句臺詞是這樣說的：喜歡是放肆，但愛就是克制。

當時我琢磨了很久不理解這句話是什麼意思，後來我才想通了，你愛誰，就一定要克制自己的控制欲、猜疑心、期待感，不然你很有可能會失去他。

問題是沒人告訴你，這個人到底值不值得你去克制自己？

我以前寫過一句話——感情是自然界最殘忍的弱肉強食，你愛得多，就會變得膽小，變得膽小，你就會被壞人拿捏住。

你說你為他付出了多少？沒有用，弱者割自己的肉上供，強者會對你有一絲的感激嗎？

不會，他只會覺得，哇，你好像一隻狗。

除非他喜歡你，你比他更強更有選擇權，不然你就像黏在他腿上的泥。當他注意到你了，就會露出嫌惡的表情，迫不及待地想甩掉你。

這我都能理解。

但仗著在一起了就肆意踐踏別人的底線，還把他的真心扔在腳下狠狠地踩，再往上面吐一口唾沫，這就真的太惡毒了！

以前網路上有句很「非主流」的名言，被很多男人奉為金句。那句話說女人是沒有愛的動物，誰對她好，她就跟誰走了。

我倒覺得這句話的男生版本，應該是「男人是不需要愛的動物。誰能給理解、空間、面子，他們就愛誰，哪怕這些理解、空間和面子都是裝的」。

反正他們看不出來，也並不在乎你是不是裝的。

所以女的想被愛得多一些，只能做個演技派，演投入，演大方，演不吃醋，再換換語氣，把所有的撒野粉飾成撒嬌。

懂事得面面俱到，只要不喜歡對方都能做到。
她不愛你，才是愛情最美好的樣子。
因為只有她根本不愛你，你才會愛她久一點。

01

我跟相處十年的朋友鬧翻了

前幾天，我跟一個「朋友」在社交平台上鬧翻了。

我們鬧得很厲害，基本上算是崩無可崩，這輩子都不可能再改善關係了。

為什麼鬧？

因為跟她認識的這十年，是我最黑暗的十年。

她熱衷於比較，我們百分之八十的聊天內容都是她賺了多少錢，買了多少包，父母送了車。別人越缺什麼，她就越積極地展現什麼。

她有事沒事就貶低我的外貌，說我臉大、胸平、屁股扁、長得老，同時說自己身材好、臉小、長得漂亮，讓我莫名其妙自卑了很多年。

她反覆無常，被她打擊過的閨密，過幾天又和她親親熱熱地走在一起。當然她也會在別人面前讓我難堪得下不來台，但她私底下對我還不錯，對此我很困惑。

但這些都只是前菜。讓我直接跟她鬧翻的主菜是她是彥祖所有朋友裡，最讓我介意的異性好友。

簡單來說，就是她明明是他的女性朋友，卻把自己活成了他的「女朋友」。

我實在不太喜歡她，卻因為我們都在一個圈子裡不得不繼續和她相處。

可時間久了，我的情緒總要有個出口。

我就開始反擊。

她熱衷於比較和打擊我，我就總是想辦法壓過她；她說話刻薄，我也會惡毒地回應；她跟我玩「塑膠姐妹花」這一套，我就比她更塑膠。我變得異常高調，因為我知道她總能看到。

我漸漸變成了自己最討厭的那種人：扭曲、做作、虛偽。我的情緒變得一團糟。

當然，中間我也有很多次在來回掙扎。畢竟一個人能和你相處十年之久，她不可能全身都是缺點。

從「她為什麼這麼對我？我做錯了什麼？」到「她偶爾對我也很好，我是不是誤會她了？」，再到「但是她的這些行為讓我很難受，我真的無法忍受她」。

最終因為某件事，我徹底崩潰了。

我先用彥祖的帳號封鎖她，然後把這麼多年來我對她的所有看法，在社交平台上發洩出來。

其實也沒有到必須鬧翻的地步，但我實在忍無可忍了，不只對她，更多的是對我自己。我覺得自己正在因她而走向地獄——不知不覺中，我變得淺薄、勢利和惡毒。

有時候我甚至會覺得自己很陌生：我為什麼這麼虛偽？我明明常常都很討厭她，為什麼還要送吃的和禮物給她？為什麼她偶爾跟我傾訴的時候我要耐心安慰她？

我又為什麼要在她攻擊我的時候，用更惡毒的語言去反擊？難道真應了那句話，和惡龍纏鬥久了，自己也就成為惡龍了嗎？

鬧翻是一種強行切斷我和對方關係的行為，讓我沒有機會再回頭看，沒有機會猶豫，更沒有機會心軟。

誰會缺一個不真心的朋友？

一個真把你當朋友的人，是不會在言談舉止間總是讓你難受的，是不會一而再再而三地觸到你的底線的，當你明確說了你重視一個人、一件事的時候，他是一定會繞開他們，連碰都不會碰的。

離開一個只會帶給你無盡負能量的假朋友，就是你對自己最大的救贖了。

02

另一個朋友也經歷了差不多的事情。

我苦苦勸了她一年，她終於離職了。

她的前一份工作在一家國營企業，清閒、穩定，照道理來說她應該被人羨慕。

但在上班的這幾年裡，她被折磨得很厲害。

首先，這裡的負能量非常重。雖然工作清閒，但所有的年輕人都過得很不開心。因為只有老人才清閒，老人都不做事，把事情都壓在年輕人頭上，但他們還要在年輕人旁邊指手畫腳。

可是所有人又都拿一樣的薪水。

你能想像嗎？一個人把他的工作全推給你，你做事的時候他還在旁邊瘋狂吐槽；

你犯了錯，他還要第一時間去告狀，好撇清自己。

你在這裡學會的第一件事就是第一時間甩鍋，否則你就會被人潑髒水。這簡直就是一所讓人見識到人性之惡的監獄。

其次，所有的同事關係都像仇人一樣。每一位都擅長冷嘲熱諷和人身攻擊。前主管就沒有對她滿意的時候，工作不積極，說她不求上進；工作積極，說她愛出風頭；最後給什麼工作就做什麼吧，又欺負她老實。

問題是她越老實，工作就越多。而那些脾氣差的，主管也不想替他們安排工作。這樣一來，就把老實人給欺負死了，而那些壞的被寵得越來越壞。

這麼一個糟糕的地方，裡面的人勢利、懶惰。全公司上上下下都充斥著讓人難以忍受的負能量。

但她一直下不了決心離開。因為這是一個非常體面的工作。在她所在的城市，這是所有人眼中的金飯碗，是多少人擠破頭都進不去的地方。她爸媽也因為她的工作臉上有光，四處炫耀。

但是在這待了四年，她實在忍無可忍了。

「最後那段時間，不誇張地說，我甚至想像過我砍了所有人。我對同事充滿了仇恨，每一天從床上醒來，想到又要開始讓人絕望的一天，我就抑制不住地在床上尖叫。那天我知道，我必須離開了，不然總有一天我會瘋掉的。」

她終於辭職了。

遞辭呈的時候，主管的嘴巴張成了「O」形，當場苦口婆心地勸她：「你瘋了嗎？多少人擠破頭想進來，你做什麼傻事？」

她笑笑，心想我再在這裡待一天都活不下去了。

離職之後，她才知道自己可以那麼快樂。

她考上了研究所，讀了自己喜歡的領域，還在學校裡遇到了合適又喜歡的戀人，開啟了自己新的人生。

每天都是充滿希望的一天，從床上醒來的第一件事就是拉開窗簾，然後伸懶腰、微笑。

最重要的是，她的負能量都不翼而飛了，她重新變回了積極樂觀的自己。

「在那工作的幾年裡，我每天都想著怎麼自保，怎麼和攻擊我的人唇槍舌劍。想想要和討厭的同事相處一輩子，我快要窒息了。現在回想起來，我覺得自己太蠢了。我為什麼要為了一個所謂的金飯碗把自己逼死？在這樣的環境裡我能活幾年呢？人生再穩定也沒有絲毫的品質可言。

「曾經我也捨不得離開，覺得憑什麼被逼走的人是我？但是後來我想，不能因為誤入了泥濘，就和它糾纏一生吧。」

03

二〇一八年，我在網路上看到了演員毛曉彤「被出軌」的新聞。四年的感情，四個小時結束。她沒有拖泥帶水，發現後直接拉著箱子離開。

當時我就很佩服她的決絕。我也會想，幾年的感情真的這麼容易割捨嗎？自己經歷後才發現，果斷離開是多麼聰明又可貴的選擇，不是人人都能像毛曉彤那樣，做到拔腿就走的。

大部分人，比如我和這個朋友，在陷入一段不適合的關係裡，一份不適合的工作裡，甚至一段不合適的婚姻裡時，都是一樣的心態。

我們會猶豫，會軟弱，會懷疑自己是不是也有問題，才會被別人這樣對待，甚至勸

自己忍忍就好了，誰不是在沼澤裡掙扎呢？

可是你能忍一時，還能忍一輩子嗎？

也許對方會給你幻覺，就像家暴的丈夫會無數次給妻子改邪歸正的承諾，讓你無數次對自己說「調整一下自己就好了」、「再忍忍就習慣了」、「也許我自己也有問題」。

可是憑什麼是我在調整而不是你在改變？為什麼是我忍而不是你放過我？

我好像十幾年來第一次想到，原來讓自己快樂起來最簡單的一條路，就是不要再跟不合適的人做朋友。

是的，對方也不是一無是處，也有溫柔的時候，但她展現出來的那些優點，遠遠不能抵消她帶給我的負能量。

最後一次我憤怒到絕望，覺得這個人無藥可救的時候，終於放棄忍耐了。

她以為我是突然發難，卻沒想過這是累積了多久的憤怒。

但當我因為撕破臉，理直氣壯地遠離了這個人，讓她從我的生活中徹底消失時，我發現我又變回了平靜溫和的自己。

比較心沒了，好勝欲也沒了，我正常了，那些曾經影響過我的負面情緒，全都不翼而飛了。

所以我奉勸大家，如果身邊的人具有你所厭惡的糟糕品質，趁早和他絕交。如果你沉溺在一段糟糕的感情裡，趁早把它斷掉。

工作如此，生活更加如此。

沒有必要。

我們的目標是星辰大海，不是滿是泥汙的豬圈。

後記

18個給女生的忠告

如果你能做到不嫌他窮，為什麼要介意他有錢？

1 喜歡一個人和喜歡一種食物一樣。如果自己無法節制，只會毀掉對他的愛。

2 不要用青春去賺快錢，幾年後你會發現自己失去的比得到的多得多。因為老男人都很精，絕不會做賠本生意。

3 結婚生子別太早。二十歲左右的女孩大多看不出誰是渣男，心智成熟度確實跟年齡有關。

4 如果提早遇到了喜歡又可靠的人，自己又懂得珍惜的話，上則作廢。

5 一部分男生愛追年輕的女孩子，是因為她們好騙，心思單純容易控制，沒見過世面也省錢。

6 沒錢不等於眞愛。年輕的時候總容易被誤導，覺得不在意金錢就是不拜金的好女孩，所以急著倒貼男生，假清高到禮物貴一點都不敢收。如果你能做到不嫌他窮，為什麼要介意他有錢？

7 同樣的，被眾人反對也不等於眞愛。自己被愛情沖昏頭之前，不如思考一下他為什麼這麼不討人喜歡。

8 分得清「對你好」和「假意順服」。沒人願意永遠順服你，除非他另有所圖。

9 分手不是博弈談判的武器，而應該是破釜沉舟的最後手段。主動提分手又離不開，不但依舊解決不了問題，反而讓對方看清了你的底牌。

10 愛情裡，「信任」不等於「盲目信任」。不要太迷信另一半的自制力，發現問題及時監控才能及時止損。

11 在某種程度上，男生其實更現實。大部分女生只會因為喜歡一個人才願意花錢在他身上。而一部分男生會在心裡衡量：她值不值得我花錢？我該花多少錢？

12 不要先相愛再了解，要先了解再相愛。一被人追就草率答應，只會證明自己是愛情上的低能兒。

13 別總聽你爸媽的，他們的觀念過時了，比如「從一而終才是好女孩」，遇到渣男就趕緊鬆手，第一次沒什麼重要的，比起終身幸福，流言蜚語算什麼？

14 但是也不要覺得我在教你們隨意戀愛。潔身自好是優點，自愛永遠不土。

15 不要用變胖變醜脾氣變差來驗證真愛。你自己都無法忍受別人這樣，對方憑什麼要忍受你？

16 看人別太片面，少看網路上的某些毒雞湯，比如沒秒回就是不愛你，不為你刪光異性就是不愛你。一輩子很長，人也是多面體，一件事一句話不能代表任何東西。對方也沒有耐心和義務一直餵你吃糖。

17 如果你眼中的愛情只是「嘴甜、人帥、會哄人、捨得花錢」，就別老是抱怨自己遇不到真愛。

18 與其擔心對方離開，不如把重點放在提升自己和綁定雙方利益上。男人不出軌的理由可能只是出軌成本太高。

優生活182

變得不好惹以後，我的生活好過多了

作　者——姚林君
副 主 編——朱晏瑭
封面設計——李佳隆
內文設計——林曉涵
校　對——朱晏瑭
行銷企劃——謝儀方
第五編輯部總監——梁芳春
董 事 長——趙政岷
出 版 者——時報文化出版企業股份有限公司
一〇八〇一九臺北市和平西路三段二四〇號七樓
發行專線——（〇二）二三〇六六八四二
讀者服務專線——〇八〇〇二三一七〇五
（〇二）二三〇四七一〇三
讀者服務傳真——（〇二）二三〇四六八五八
郵撥——一九三四四七二四　時報文化出版公司
信箱——一〇八九九臺北華江橋郵局第九九信箱
時報悅讀網——www.readingtimes.com.tw
電子郵件信箱——yoho@readingtimes.com.tw
法律顧問——理律法律事務所　陳長文律師、李念祖律師
印　刷——勁達印刷有限公司
初版一刷——二〇二二年八月十九日
初版三刷——二〇二二年十月二十七日
定　價——新臺幣三五〇元
（缺頁或破損的書，請寄回更換）

時報文化出版公司成立於 1975 年，並於 1999 年股票上櫃公開發行，
於 2008 年脫離中時集團非屬旺中，以「尊重智慧與創意的文化事業」為信念。

ISBN 978-957-13-8895-3　　Printed in Taiwan

變得不好惹以後,我的生活好過多了/姚林君作.
-- 初版. -- 臺北市 : 時報文化出版企業股份有限公司, 2022.08
面； 公分

ISBN 978-626-335-716-7(平裝)
1.CST: 成功法 2.CST: 自我實現

177.2　　111010905